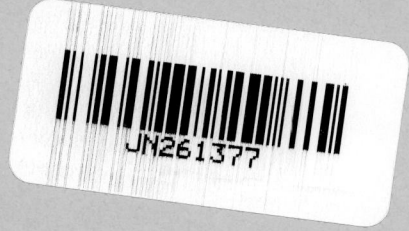

新版

自分をまもる本

ローズマリー・ストーンズ

小島希里訳

晶文社

DON'T PICK ON ME
by Rosemary Stones

Published in Japan, 1995
by Shobun-sha Publisher, Tokyo

自分をまもる本

*

目 次

ブックデザイン
イラストレーション
*
杉田比呂美

1

いじめってなに?

いじめってなに？

いじめというのは、人をみじめな気持ちにさせること。たとえば、つぎのような方法で。

＊名前をはやしたてる
＊いじわるくからかう
＊持ちものをぬすんだり、こわしたりする
＊おしたおしたり、なぐったりする
＊いやがっていることをむりやりやらせる

いじめはいろんなかたちで行なわれるけど、大きくいって三つの種類がある。

1　暴力をつかったいじめ

暴力《ぼうりょく》をつかったいじめというのは、髪の毛をひっぱったり、ツバをはきかけたり、なぐったりして、人を攻撃《こうげき》すること。

> ぼくはサッカーがにがてだ。からだが小さくて、ボールもうまくあやつれないから。試合《しあい》には、ほとんど出してもらえない。先生がみていないと、みんなは、ひどいことをするんだ。「ぐうぜん」ぶつかったふりをしたり、ころばせようとしたり。母さんは、どうしていつも傷《きず》だらけなの、と心配してる。でも、どうしても話す気に

なれないんだ。

2　ことばをつかったいじめ

たとえば、名前をはやしたてたり、おどしたり、ばかにしたりして、人を傷《きず》つけたりこわがらせたりすること。

わたしのクラスでは、トレーナーからＴシャツまで、とにかくブランドものの服を着ることがとてもはやってます。おかあさんもそのことを知ってるけど、みんなと同じような服は高すぎて買えません。クラスの友だちには、からかわれてばかり。「ふけつなゴキブリ」「そういうコート、どこで買うの？　バザー？」学校になんか、もう行きたくありません。毎日暗い気分です。

ぶたれて鼻から血を出していれば、傷ついているってことはすぐわかるけど、ことばでいじめられている場合《ばあい》は、被害《ひだい》が目にみえない。だから、ひどいことされていても、大人にわかってもらえないことが多い。「ふけつなゴキブリって呼ばれちゃったよ」って話しても、「そんなにこまかいこと気にするなよ」だとか「赤んぼみたいなやつ」だとかいわれて、笑われちゃう。

ことばをつかったいじめというのは、人のことを一方的に決めつけて、傷つける。名前をはやしたてていじめられても、やっぱりすごく傷つくものなんだ。大人もちゃんとそのことを受けとめてあげてほしい。暴力とことばの両方でいじめられていたある女の子は、「暴力による傷は、名前をはやしたてられたときの傷よりも、ずっと治《なお》りが早かった」といっている。

3　仲間はずれにする

たとえば、学校や近所の友だちが、いっしょになって、だれか一人をグループに入れなかったり無視《むし》したりする。それまで遊んだりおしゃべりしたりしていたのに、口もきかなくなる。転校してきた子を、いつまでも仲間に入れない。これもいじめの一種。

そうじは当番になった人たちがすることになっています。なのに、みんなふざけていてちっともそうじしようとしない。ある日わたしが「ねえ、ちゃんとやろうよ」といったら、「なんだい、いい子ぶって」とバカにされました。つぎの日から、「いい子ぶりっこ」と仲間はずれにされはじめ、ずっと、だれも口をきいてもくれなくなった。どうしよう。

かげでこそこそうわさをされたり、いっせいにまわりの人から無視されれば、どんな人だってふかく傷つく。

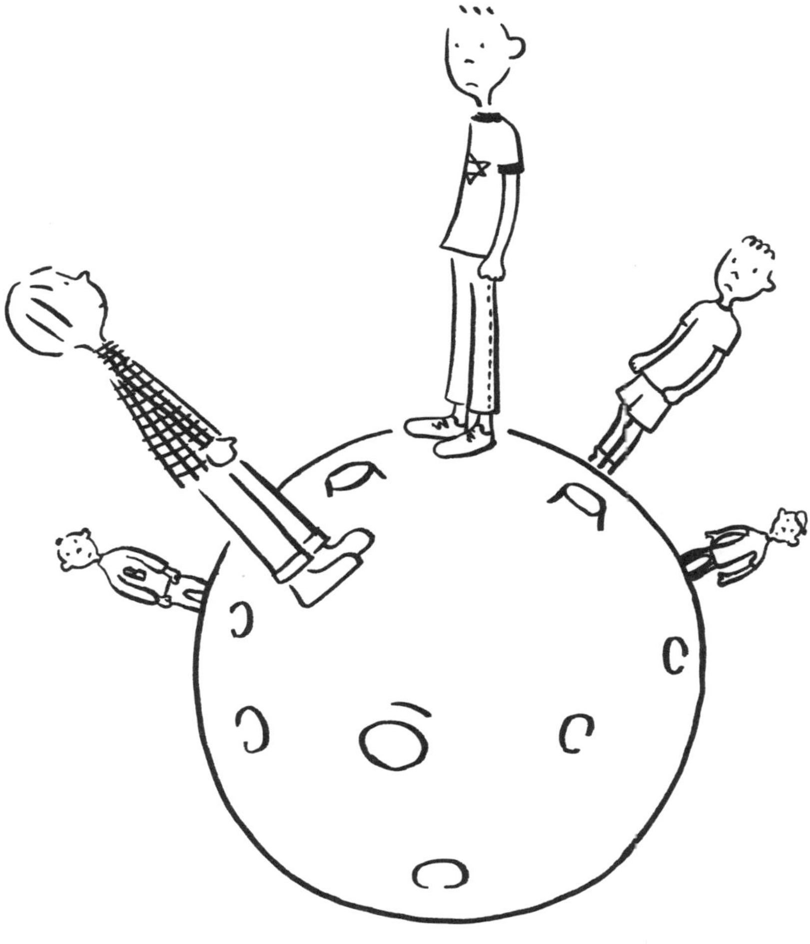

いじめのしくみ

いじめるということは、いろんなことに「いいがかり」をつけることだ。つまり、ムカつく材料をさがそうとする。たとえば——

＊気が弱そう。友だちがいない。——ひきょうないじめっ子にとってつごうがいいからだ。
＊自分よりも小さくて、弱くて、年が下。
＊転校生《てんこうせい》・新入生。——ほかの学校からきた人や小学校から中学校に進級してきたばかりだと、なれていないし、仲間もいないから。
＊運動がにがて。——チームになかなか入れてもらえないような人たちはそれだけでもつらいのに、いじわるされやすい。
＊大人の体型への変化がはじまった。ぎゃくに、いわゆるオクテで子どもっぽい体型。——この年ごろの子の自信をなくさせたり、自分は「異常《いじょう》」だと思わせることなんて簡単《かんたん》だからね。
＊メガネをかけている。どもる。歯の矯正《きょうせい》をしている。補聴器《ほちょうき》をつけている。耳が大きいとか、とにかく人とちがうところがある。
＊もち物が派手《はで》でお金持ちっぽい、あるいはその正反対で、もち物が地味《じみ》で貧《まず》しそうにみえる。
＊タイミングが悪い。——たとえば、ひとりきりでトイレに入ったら、運の悪いことにいじめっ子たちばかりがいたような場合。
＊両親が世間の注目を集めている。——たとえば、お父さんが刑務《けいむ》所《しょ》にいるとか、お母さんが国会議員《こっかいぎいん》であるとか。

「みんなとちがう」ことを口実《こうじつ》に、いじめの標的《ひょうてき》をみつけようとしているんだ。つまり、自分は「みんなと同じ」と思っていたいということでもある。「みんなと同じ」「強い」と思いたい人が「みんなとちがう」「弱い」ものをさがして攻撃《こうげき》をしているということだ。

傷つけおどかし自分の味方をふやし、仲間はずれをつづけていくのもそのせいだ。大ぜいで少数の人をいじめる、という関係が生れてくる。

いじめられているほうは、「おまえのせいでムカついてしかたない」といわれつづけているわけだから、自分が悪いからこんなことされてるんだ、と思うようになっていく。いじめているほうは、こんなふうに人を思いどおりにあやつれること、自分の「力」がためせることが、おもしろくてやめられない。

もし、きみがいじめにかかわることになったときには、このいじめのしくみをもういちど思い出してほしい。冷静に判断する糸口がみつかるはずだから。

いじめの影響力

いじめられた結果

いじめの影響力《えいきょうりょく》というのは、本当にすさまじい。学校でいじめられたすえ、自殺した16歳の少女もいる。遺書には、クラスの友だちにひやかされたりからかわれることにもうこれ以上たえられない、と書きのこされていた。悲しいことに、いじめが原因で自殺した子どもは、ほかにもたくさんいる。最近の例では、弁当を買うお金をぬすまれたり、父親の名前をはやしたてられたりして、14～5人の友だちにいじめられたすえ、首つり自殺をした少年がいる。薬を飲

んで死亡した13歳の少女。明日もいじめてやるからな、と学校でおどかされたその日のことだった。

ある探検《たんけん》家《か》も、自伝の中で、学校時代にいじめられたときのことを書いている。夜、絶望《ぜつぼう》してベッドのなかで泣きながら、橋からテームズ河に飛びこんで自殺しようと思ったと。幸運なことに彼の場合は、いじめられているということをやっとのことで母親に明かすことができたんだ。

いじめられつづけた結果、家出をした子もいれば、学校に行かなくなった子、深刻《しんこく》なうつ状態になった子もいる。

いじめがひきこおす苦しみやなやみは、ものすごく深い。いじめられていたことを一生ひきずってる人だっている。人を信じることがなかなかできなくなったり、友だちをつくったり人とかかわったりすることがうまくできなくなるばあいもある。

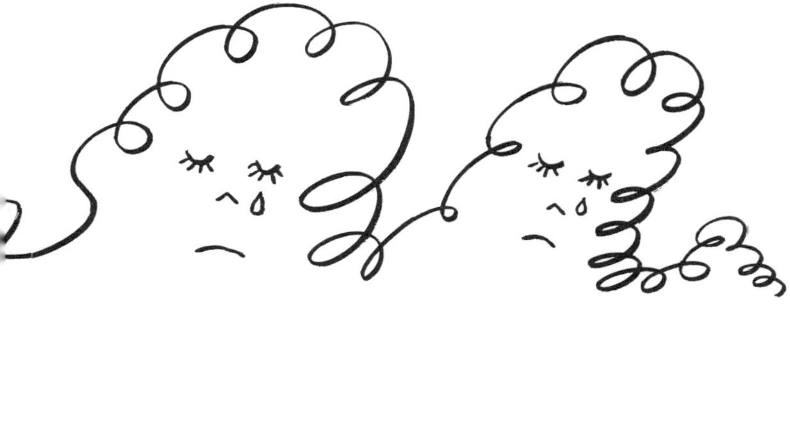

恐怖の空気

いじめられている人だけじゃなく、まわりの人たちも、いじめの影響《えいきよう》をずいぶんと強く受けている。いじめが、恐怖《きようふ》の空気をつくりだすからなんだ。

＊だれかがいじめられて傷《きず》ついていると、たとえ自分がいじめられていなくても、ゆったりと楽しい思いをすることはできない。
つぎは自分がいじめられる番かもしれない、と思えるからだ。

＊友だちがいじめられていると、その子と仲よくしているようなところをみられたらどうしよう、と思いはじめる。だけどもう一方では、その子のことを守ってあげられなくてなさけない、とも思う。どっちにしろ、気分は晴れない。

＊いじめが行われているのがトイレだっていう場合は、すきをみてトイレに行かなきゃならない。だから不便《ふべん》！

＊下校時間にこわい子たちが校門のあたりにうろついているとしたら、友だちが来てからじゃないと、家にもおちおち帰れない。

こんなことがつづくのは、いじめる側《がわ》が、大人の目にとまらないようにすごく気をつかっているからだ。いじめている相手も、ほかの子どもたちも、ずっとだまったままでいてくれるだろう、と思いこんでいるんだ。

できるだけいじめのとばっちりを受けないようにすることは、とても大切。だからといって、一日中びくびく気をつかってなきゃならないなんて、ばかばかしいよね。おどしがこわくて、友だちを守ってあげることができないってことも、やっぱりばかばかしい。

なぜ、いじめるの？

どうやって人とつきあったらいいのかわからなくて、いじめているという人たちもいる。意見がくいちがうと、話しあって解決していこうともせずにいきなりケンカをはじめてしまうような家族のなかで育ってきたのかもしれない。力づくでいいなりにさせたりするのではない人と人とのかかわりあいというものを、知らないままできてしまった、ということだ。

頭にくると関係《かんけい》ない人にやつあたりする、という人もいる。だれかをいじめていやな思いをさせると、自分の傷が軽くなるような気がするらしい。じょうずに自分のしんどい気持ちとつきあうことができないでいじめているわけだから、いじめられるほうはたまったもんじゃない。

人のことがすごくうらやましく思えたり、自分に自信がなかったりして、いじめる人たちもいる。人をいじめて好きにあやつっていると、自分には力があるんだ、大したもんだ、何にもこわいもんなんかないぞ、と思えてくるからだ。

人をおどかしたり傷つけたりしなくても自分の能力に自信をもてるようになることが、とにかくいちばん大切だ。

人をいじめていると、攻撃《こうげき》したり暴力《ぼうりよく》をつかって自分の思いどおりにすることがあたりまえになってしまう。自分や人にやさしく接することなんて、ぜったいに身につかない。

＊いじめというのは、自分の思いどおりにするためなら、人を傷つ

けたり、いやがらせをしたり、おどかしてもかまわないと思っている人がするもの。

＊いじめは、保《ほ》育園《いくえん》から中学・高校まであるし、公立でも私立の学校でもある。

＊男の子も女の子もどっちも、いじめをする。

＊自分よりも年下の人をいじめる人もいるけど、同年代、あるいは年上の人をいじめる人もたくさんいる。

＊一般的にいって、女の子がいじめる場合は、暴力よりもことばを使う（たとえば人を深く傷つけるような冗談《じょうだん》）。けれども、ぜんぶがそうとはかぎらない。女の子の場合、標的にした相手をまわりから孤立《こりつ》させる、つまりみんながその人を無視するようにしむけることも多い。たとえば、学校で遊ぶときに仲間はずれにしようとする。

＊男の子のいじめは暴力をつかったいじめや、おどしが中心。でも、やっぱりぜんぶがぜんぶそうではない。

＊人をみじめな気持ちにさせたり、いうなりにさせることでしか、自分の力をだせない。

＊愉快《ゆかい》なことを言ったり、ひやかしたりして相手の気持ちをつかんでおき、おいつめていく人たちもいる。

＊親しくつきあって信頼をかちとっておいてから、悪いうわさをひろめたりする、すごくずるがしこい人もいる。

＊まずグループをつくり、それからいじめの計画をたてようとする人たちもいる。

＊おどしや暴力を使って、金やお菓子などをうばいとろうとする人たちもいる。これは、「ゆすり」だ。

＊自分も親、兄、姉などにいじめられている場合もある。いじめられているその人が、同年代や年下の人をいじめている。

＊大人、たとえば先生によるいじめ、というのもある。自分の立場を利用していやなことを言ったり（「体重が減ってもいいころじゃないかい？」）、不公平な比較《ひかく》をしたり（「お姉さんのほうは成績がよかったのに、お前はまるでだめだな」）、弱みにつけこんだり、暴行を加えたりする。

では、どうすればいいのか

いきいきと楽しくすごしたいという気持ちは、いじめられている人もいじめている人もおそらく同じはず。親切で、一緒にいると楽しくて、はつらつとしていて、思いやりがあって、自信があって、自分の考えを主張できて、勇気にあふれていて、やさしくて、意思が強くなれたら、って思っているんだ。

いじめられてるなんて、ぜったいにいやだ。いじめないとやってけないのだって、ほんとうはいやなことなんだ。

いじめているにしろ、いじめられているにしろ、このままでいいはずがない。

いままでとはちがう、もっと楽しい方法で人とつきあうことは、だれにだってできる。

この本を読むことが、それを見つける手がかりになってほしい。

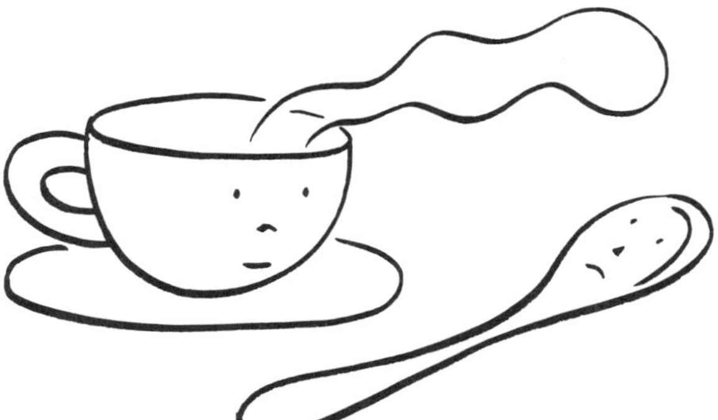

2

自分と友だちになろう

*

自分を大切に思うということは

いじめられつづけてるなんてもうたくさん、と思ったら、必要《ひつよう》なのは味方になって助けてくれる人だ。もしきみがだれかをいじめてて、そんなことやめたいと思っているとしても、やっぱり同じ。だれかの助けがいる。

その「だれか」っていうのは、まず「きみ自身」なんだ。

まず、自分の気持ちをきちんとみつめてみよう。思っていることを人に伝えれば、自分をまもるための手がかりがつかめるかもしれない。

もちろん、それは手がかりにすぎない。考えていることを話して自分をまもりたいと思ったとしても、自分のいいところ、とりえを信じてないと、なかなか成功しないからだ。

書き取りのテストのときのこと。となりにすわった子が小声でつづりをたずねてきました。協力《きょうりょく》しあってテストの答を書くようなことは禁じられているので、私は首を横にふっていやだとこたえました。するととつぜん、先生が大声でさけびました。「となりの子に答を教えてあげてたな。君のテストは0点だ」自分は何も教えていないと説明しようとしましたが、うまくいえません。友だちもひとことも話しません。

授業《じゅぎょう》のあと、私はべつの友だちにこのことを話しました。「それはほんとうに不公平だよね。あなたはぜんぜん規則《きそく》をやぶってなかったんだから。きちんと思っていることを先生に伝えるべきだったよ」といわれました。

この子に欠けていたのは、思っていることを伝えて自分をまもるということ。どうやったら、そんなことができるんだろう。

なによりも必要なのは、自分を大切に思う気持ち。そして、その自分が何をどう思っているのかを、きちんと見つめること。――つまり、自分は規則をやぶってはいないんだということ。先生のやりかたには納得《なっとく》がいかないと思っているということ。そうわかっているのは、だれよりも自分自身だ。

自分が思っていることを伝えようとしても、人は耳をかたむけてくれないかもしれない。つらくてこまっているということを、わかってくれないかもしれない。ものごとは、なかなか思ったとおりにはならないから。

でも、だれも耳をかしてくれなくても、きみだけは大切な友だちだと思って自分自身を信頼《しんらい》してあげよう。そうしないといつのまにか、自分が何をどう思っているのか、ちゃんとわからなくなってしまう。

思ったことを伝えるということは、そう簡単《かんたん》には身につかない。考えかたとか、行動のしかたを変えるには、時間がかかるんだ。

だから、じっくり、こつこつと、ね。

自分と仲よくつきあうと——

自分のことを大切に思うということは、
＊みんなよりも自分が強いと思うことでも
＊みんなよりも頭がいいと思うことでも
＊みんなといっしょだと思うことでも
＊みんなよりもお金持ちだと思うことでも
＊自分が思ったとおりに人を動かせるということでも
ない。

自分と仲よくつきあっていると、力がわいてくる。ほかの人と自分をくらべることで生まれてくるものとはちがう、きみだけの心の力だ。

心の力があれば、だれかにいじめられそうになっても、自分をまもれるかもしれない。心の力があれば、だれかをいじめたくなったとしても、のりこえる方法をみつけることができるようになる。

心の力は、だれでも身につけることができる。自分の力として、ずっと役に立てることができる。

心の力を大きくふくらませていくには、つぎのことが必要だ。

＊気持ちとはなんなのかをきちんと知る
＊何をどう感じているのか、を人まかせにしない
＊何をどうやったかを、人のせいにしない
＊ありのままの自分の力を信じる

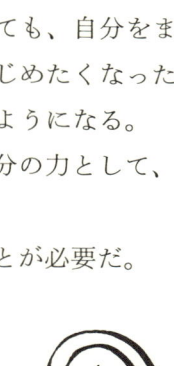

JUIC

気持ちって、なんだろう

うれしくてどうしようもない　頭にくる　落ちこむ　知りたくてしかたがない　ビビる　うれしい　楽しい　こわい　不安　はずかしい　おどろく　怒りくるう　たいくつする　さびしい　がくぜんとする　人のことがうらやましくてしかたない　満足《まんぞく》できない　大喜びする　がまんできない　つらい　緊張《きんちょう》する　イライラする　うちとける　わがまま　愛する　なんとなく落ちつかない

みんなが感じる気持ちを書きだしてみた。このリストにでていないものも、考えてみよう。

気持ちってなんのためにあるの？

気持ちのおかげで、私たちは心のなかで何が起こってるのかを知ることができる。いろいろな気持ちを感じる、っていうのはすごくあたりまえのこと。きみも、ここに書いたような気持ちを感じたことがあるんじゃないかな。

いけない気持ちってあるの？

感じては「いけない」気持ちとか「いい」気持ちとか、そんなものはない。感じたままの気持ち、それがあるだけだ。

ぼくが学校に行くと友だちが泣いていた。朝、ネコが死んじゃった、っていいながら。ぼくも、大家さんの許可《きょか》がもらえなくて、飼《か》っていたウサギを父さんに殺されたときのことを思い出した。つらい気持ちを忘れたくて、ぼくはその友だちにつっかかってしまったんだ。「泣き虫め。ネコが死んだぐらいで、いちいちつらがるなんて、バカじゃないの」

かわいがっていたペットがひどい目にあえば、だれだって悲しくてたまらない。なのに、そんな気持ちをいけないことだと思ってはぐらかしてしまうと、思っていることを人に伝えることはできない。自分の気持ちとつきあう方法がわからないから、人にあたってしまうんだ。

いりまじった気持ち

一つ以上の気持ちがいりまじっていると、それが何を意味しているのか複雑《ふくざつ》でわからなくなる。

【おどろき、よろこび】

学校の音楽会で、曲の一部を一人で歌うことになったときは、思いもよらぬことにあたふたし、それと同時にうれしくもなりました。

つぎからつぎへといろんな気持ちが押しよせてくるときもある。

【うれしい、うっとりする、はずかしい、頭にくる】

新しいジャージを買ってもらい、ウキウキしながらさっそく着て鏡の前に立ち、うっとりして自分のことをながめていたんだ。するととつぜん、弟が窓のむこうで笑いながらこっちを見ていることに気がついた。鏡の前でうっとりしていたことをからかわれたもんだから、気まずくてどうしようもない。やっと落ちついたと思ったら、今度は怒りがこみあげてきた。あいつめ、こっそりおれに近づいてきて、よくも笑いやがったな。

きみの気持ちはきみのもの

こういうふうに感じろ、とか、そんなふうに感じるのはまちがってる、なんてことを、おしつけられそうになったことがあるはずだ。

自分の気持ちをみとめてもらえないというのは、すごくつらいことだ。自分自身を一番の友だちだと思って大切にしてないと、こういうおしつけから自分をまもることはなかなかできない。

きみの気持ちはきみのもの。さしずされたとおりに感じたのだったら、もうそれはきみの気持ちとはいえない。楽しいにしても、つらいにしても、それはきみがそう感じているということ。

わたしは新しいきれいな家にひっこしてきたばかりなので、ひっこす前の友だちに会いたくてたまりませんでした。「そんなに暗い顔するな」とお父さんにいわれました。「お通夜《つや》じゃないんだぞ」。わたしは「友だちに会えなくなったからさびしいんだよ」とお父さんにいいました。するとお父さんは「ばかなことをいうな。全財産をつぎこんでこのきれいな家にひっこしたんだぞ。あんなやつらに会えないぐらいでメソメソするのはやめろ」。

たしかに、きれいな家にひっこせたことは、うれしくて気分がいい。でも、仲よくしてきた友だちに会えなくなったんだから、やっぱりさびしい。最高《さいこう》にうれしいけど、でも心に穴があいたみたいにさびしい。こんなふうに二つの気持ちをどっちも感じてるってことを、このお父さんは理解《りかい》していない。だから、くだらないことをぶつくさいうな、といいだすんだ。子どもの気持ちをすごくふみにじっているということに気づかずに。

気持ちを受けとめてもらえないでいると、悲しいことがあってもじゅうぶんに悲しむことできなくなる。つまり、自分の気持ちを押しころすようになってしまうんだ。

自分で自分をいじめないこと

「自分をいじめるなんて、ありえないよ」。そう思ってるんじゃないかな。でも、意味もなく自分をおいつめるというのも、いじめの一種だ。

わたしは放課後《ほうかご》、友だちといっしょに泳ぎに行く約束をしていました。時間通りにプールについて待っていたのに、その子がなかなか来ません。そのうちに、わたしはこう思いはじめました。「あの子、たぶんわたしのことをあんまり好きじゃないから来ないんだわ。へんな子だって思って。わたしといっしょにいるところを学校の子に見られたくないんだ、きっと」（じつは、その友だちはバスに乗りおくれただけでした。遅れてごめんね、と何度もあやまりながらやってきました）。

自分をおいつめていじめていると、すごくつらくて苦しくなってくる。友だちが約束どおり来なくてすごくがっかりするっていうのはわかるけど、悪いのは自分だと思うことなんかない。

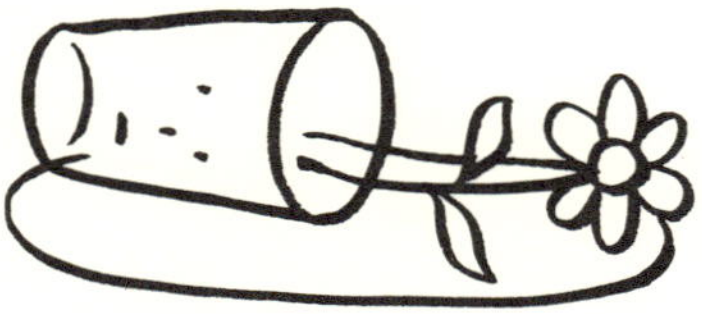

怒るのはいけないことじゃない

怒るのはいけないことだ、と思ってない？　いつも、「怒ったりしちゃダメ」といわれていると、知らずしらずのうちに、自分の怒っている気持ちから目をそらすようになってしまう。怒りを押しころしてばかりいると、関係《かんけい》ない人にやつあたりしたり、いじめてしまうようになりがちだ。いじめられてるのに怒ってないようなふりをする人たちの場合《ばあい》も同じだ。

でも、「怒り」は、耳をかたむけてみなくちゃいけない、とっても大切な気持ちだ。あなたがどういう人間なのかを、いっぱい教えてくれるから。

＊怒りは、自分がどのようにあつかわれたいと思っているのかを、教えてくれる。

先生にみてもらう約束だったので、たっぷり時間をかけて作文を書きました。ところが先生ときたら「時間がなくてみられなかったよ」。おまけにわたしが汚したのではないのに「ちゃんとかたづけなさい」と注意なんかしたのです。その晩お母さんに「先生なんか殺してやりたい」と、すねて言いました。そしたら「あら、なんてことを。女の子がそんな乱暴なこと言っちゃだめよ」といわれました。

この子は、先生がきちんとつきあってくれなかった、自分はちゃんとあつかわれていない、と感じたので怒ったんだ。だからどれほど自分がムカついていて、どれほどがっかりしたのかを、お母さんにつたえようとした。なのにお母さんは、怒ってるということだけでビビっちゃって、話をきちんと受けとめてあげず、「そんなこと思っちゃだめ」なんて押しつけようとしている。もちろん、先生を殺そうなんて本気で思うわけないのにね。

お母さんは、男の子なら怒ってもかまわないとも思っているらしいけど、これもまちがってるよね。ムカついて、なぐりたくなるような気持ちになることは、男の子だって女の子だってある。

お母さんと話を合わせるためには、ちっともムカついてないっていうふりをしなくちゃならない。でも、そんなことしていると、怒ることを通じて知ることができたはずの大切なことに、自分自身で耳をかたむけることができなくなってしまう。

＊怒りは、あなたが何に納得《なつとく》し、何に納得できないのかを、教えてくれる。

わたしの家では、姉妹二人で順番《じゅんばん》にお皿洗いをすることになっています。でも、姉は当番をときどきさぼります。「塾《じゅく》におくれちゃうから」なんて。ビデオを見においでよ、と友だちにさそわれていたので、わたしも家を早く出たかったのに、お母さんにとめられました。「大人になればビデオなんかいつだって見られるでしょ」って。もう、かんかんです。友だちとビデオを見るのも大切なんだってことを、なぜお母さんはわかってくれないんでしょう。姉のほうは文句をいわれずに当番をさぼっているということも、納得いきません。

どう考えても納得いかない。だから、腹がたってくるんだ。

＊怒りは、自分が何を大切に思っているのかを、教えてくれる。

ぼくは、ロックが好き。でも、両親や兄さんはクラシックしか音楽じゃないと思っている。ロックのＣＤをかけていると「そんなひどい音、よく聞けるもんだ」とか、「そういう音楽はバカなやつしか聞かないもんだ」なんてほざくんだぜ。家族にしてみれば、ちょっとからかっているつもりだろうけど、一方的にケチばかりつけられてちゃ、ロックを聞いててもなんか思いっきり楽しめない。趣味《しゅみ》をバカにされると、ほんとうに頭にくる——だからぼくは、人の音楽の趣味にケチをつけるようなふざけたまねは、しないんだ。

大切に思っていることを笑われたり、無視されたりすると、頭にくる。この子は、それがよくわかってるからこそ自分はけっして人にそんなことはしないぞ、と考えている。

ざんねんなことに、自分の感情を受けとめてきちんと考えることができない人たちは大人の中にもいるんだ。そういう人は、子どもがどうして怒ったり、ムカついたり、カーっとしてるんだろうなんて、考えようともしないし、子どもといっしょに気持ちの意味を知ろうとすることもしない。自分の気持ちだって理解しようとしてこなかったんだから。

落ちこんだとき

自分のだめなところしか思いつかなくなってしまうときは、自分のその気持ちをしっかりとみつめてみよう。いろんなふうに感じかたを変えることができるということに、気づくはずだ。きみの気持ちはきみのもの。だから、気持ちを変えてみようとすることだってできる（もちろん、悲しかったり、怒ったり、やきもちをやいたり、落ちこんだりすることが、いけないわけじゃない。こういう気持ちは、だれにだって起こる、あたりまえのもの）。

感じかたを変えてみる

> ぼくはサッカー部に入りたいと思っていました。毎週末、猛練《もうれん》習《しゅう》をしたし、入部テストのときも、全力をだしきりました。けれどもけっきょく部員にはなれませんでした。

同じがっかりするんでも、こんなふうに感じかたをえらぶことはできる。

①入部させてくれなかった先生に対して腹をたて、いっしょうけんめいやったのにうまくいかなかったことで、すっかり自信をなくしてしまう。

②自分に腹をたて、「何をやってもだめなヤツめ」となげく。

③「チームにえらばれなかったことはすごくざんねんだけど、いっしょうけんめい練習したんだし、やれることはぜんぶやった。あ

んなにできる人はいない、あれはあれでよかったんだ」と自分にいう。

わたしのおじいちゃんは病気で、手術のために入院するかもしれないといわれていました。すると友だちから「ぼくのおばあちゃんが死んじゃった」と聞かされました。わたしはとても心配になりました。おじいちゃんも死にそうなのに、だれもほんとうのことを教えてくれていないんじゃないのかしら、と。

恐ろしいとか悲しいとかいった気持ちをきちんとみつめてみると、感じかたを変えることもできる。

①心にそっとしまっておく。

②両親に本当のところはどうなっているのかきく。おじいちゃんはすぐよくなるのかもしれない。あと数日の命だとわかったときは、両親の話をきいてみる。同じように悲しんでいるということを知ると、少しは気が楽になるかもしれない。

大好きな人が遠くに行ってしまったり、ケガをしたり死んだりしたら、つらくて悲しい。そんなときには、泣いてあたりまえ。泣くというのは、気持ちを外にだすということなんだから。

自分の気持ちを話してみよう

自分の気持ちをきちんと受けとめて、思っていることを人に話してみよう。いろんな角度から考えたり、感じかたをかえられるようになる。

毎日の暮《く》らしのなかでは、気持ちのはたしている役わりはとても大きい。だから、だれでも気持ちを話すことは上手なんだろう、と思うでしょ？　ところがざんねんなことに、そうでもない。自分の気持ちを話したがらない人や、人の気持ちを聞くのがにがてな人ってけっこう多いからだ。

気持ちを話すということはその人の弱さのあらわれ、なんて考えている人たちもいる。そんなばかなことってない。だって、勇気と自信がなければ、自分の気持ちから心をそらさずにいることはできない。人から気持ちを伝えられたときにも、耳をかたむけてわかってあげることはできない。

きみの気持ちにしっかりと耳をかたむけてくれる人を、相手にえらぶことがかんじんだ。両親やほかの大人の知りあいが、気持ちについて話すのがにがてのようだったら、お姉さんやお兄さん、友だちや先生なんかはどうかな。ほかのだれでもないきみ自身が、この人なら、と思って信頼できるということが、何よりも大切なんだ。

うまく気持ちを伝えるには

＊放課後、あなたの家に行きたいわ

＊ありがとうもいわないなんて、頭にきた

＊この番組、思いっきりつまんないぜ

もし、きみがだれかにこんなふうにいっても、ちっとも悪いことではない。自分の気持ちをいっているんだから。でも、自分の気持ちをきちんと人につたえるのは、けっこうむずかしい。

＊さびしいの

＊お母さんが病気で悲しい

＊きみと友だちになりたいなあ

といえば、相手はきみのことを今までよりもわかってくれる。どんな気分で、何を感じていて、何を考えているのかを知ることができるからだ。

　もしだれかに、ただ「ばか」とだけいったら、相手はひどいこといわれたと思うだろう。でも、

＊あんなふうに道をわたるなんて、ずいぶんばかなことするなあ

といったとしたら、相手のしたことを自分はどう感じているのか、という点がはっきりとつたわる。

心の力はだれもがもっている

きみには、自分でも気がついていないような力がひそんでる。この力をつかえば、思っていることを相手につたえて自分をまもることができるんだ。

* もし、自分をまもることができるようになれば、ほかの人はきみをいじめることができなくなる。
* もし自分をまもることができるようになれば、いじめたりおどしたりしてほかの人を自分の思うとおりに動かそうとしなくてもすむようになる。

でも、「きみたちには力がある」といわれても、なんだかウソっぽいと思う人も多いだろう。力をもっているのは大人たちのような気がしてるだろうから。大人にいわれれば、そのとおりにしなきゃなんない、ってことばかりだもんね。

役わりの力と心の力

大人たち、つまり両親や先生は、きみたちにたいして力をもっている。何時に寝ろとか、どの薬を飲めとか、何を着なさいとか、こづかいはいくらならいいとか、いつなら友だちに話しかけていいとか、大人たちは子どもにむかっていってもいいことになっている。

だから、子どもにはまったくなんの力もないかのような気がしてしまう。

　大人が子どもにたいしてもっているこういう力は「役わりの力」、つまり、親であるとか、教師であるとかといった役目にそなわっている力だ。

　役わりの力をもった人たちは社会におおぜいいる。……大統領《だいとうりょう》、看護婦《かんごふ》、ガードマン、救急隊員《きゅうきゅうたいいん》、プールの監視員《かんしいん》、などなど。

　こういった人たちは子どもだけではなく大人にたいしても役わりの力をつかうことができる。プールの監視員に、「帽子をかぶりなさい」とか「水のなかでふざけないこと」なんていわれたこと、あるはずだ。

　でもきみ自身だって、役わりの力をつかってるかもしれない。

　２歳のいとこの子守りをたのまれました。「おまるの時間よ」とか、「ネコのシッポをひっぱるな」とか、「ソケットに指をつっこんじゃだめ」と命令する役目をちゃんとはたしました。

　班長、学級委員などになって役わりの力をつかうときは、なるべくみんなで決めて行動にうつすようにしよう。

　キャンプに行ったとき、ぼくは料理係のリーダーになりました。片付けの時間がやってきました。ぼくが「いまやる？　それともキャンプファイアーの後にする？」とたずねると「じゃあ、いまやっちゃおう」と、みんながいったので、そうすることに決めました。

　これは、役わりの力をつかっていても、いいなりにさせたんじゃなくて、自分たちでえらんでやってもらった例だ。こうやってみんなで決めれば、いいなりにされた場合とはちがって、やる気がでてくる。

役わりの力をもっている人とあらそっても、思ったような結果にならないことが多い。うまくいくことも、ときにはあるけど（たとえば、お父さんやお母さんにたのんで、寝る時間を30分おくらせてもらうことくらいなら、できるかもしれない）。

いろんな人がきみにたいして役わりの力をはたらかせているだろうけど、そんなこととは関係なく、きみは心の力をつかうことができる。

役わりの力とちがって、心の力は、だれもが、どんなときでもつかうことができる。きみをまもってくれるかけがえのない力だ。

心の力を育てれば、思っていることを人につたえて、自分をまもることができる。

ありのままの自分でいい

心の力を育てるよい方法は、自分のよさをありのままに思い出すこと。つまり、

＊きみとはちがうだれかのふりをしたり
＊だれかのようにふるまったり
＊だれかのような服を着たり
しようと思わないこと。

ゆっくり落ちついて、ありのままの自分を思い出してみて！

心の力をさえぎるようないやなことが浮《う》かんできて、きみがきみでいることをうれしいと思えるようには、なかなかなれないとき。いくら時間があってもたりないほど、心配ごとが浮かんでくるとき。……そんなときは、クヨクヨの原因をふきとばすしかない！

こんな考えは捨《す》てよう

＊みんなと同じでなきゃだめとか、みんなの望《のぞ》みどおりのことをしなきゃだめなんていう考えを捨てよう。そんなことばかり考えてると、自分でいる時間がなくなっちゃう。

＊みんなに好かれなくちゃだめ、という考えは捨てること。キップをわたした駅員さんにまで気に入ってもらう必要なんてないでしょ。虫歯をつめてくれる歯医者さんにまで気に入ってもらうことなんてないでしょ。

＊あの人は自分のことが気に入らないらしい、なんていう考えは捨てること。自分に悪いところがある（まちがったこといっちゃったとか、あの服はまちがってたなとか、私なんかと一緒にいたらうんざりするもんねとか）なんて、考えないこと。

　こんなふうに考えるようにしよう。もしだれかがきみを好きじゃないと思っているとしても、それはその人の問題であってきみの問題ではない、ってね。

＊友だちならきみと同じことが好きで、いっつもきみと同じことをやるもんだ、なんて考えは捨てること。きみが絵をかいているときに、その子が外でサッカーをやっていたとしても、やっぱり友だちは友だち。きみとちがう番組を好きだとしても、仲よくやっていける。きみ以外の子といっしょに楽しく遊んでたって、友だちであることにかわりはない。友だちには、好きなことをやらせてあげよう。

＊もしほんとうに自分のことを家族が大切に思ってくれているのなら、もしほんとうの友だちだったら、話さなくてもわかってくれるはずだ、などという考えは捨てること。きみのことを大切に思っている人たち、家族や親友は、どれだけきみのことをよく知っていようと、魔法《まほう》つかいじゃあない。何を考え、何を望んでいるのかまでは、わかりっこない。教えてあげること。自分がどうしたいのか、話すこと。そうしないと、ずっとずっとむなしく待っているだけで終わってしまう。

＊いつもいつも強くて弱音《よわね》をはかなくて、勇気があふれていて、みんなと協力してやっていける人とか、いつもいつも弱くてこわがりで、だれかの助けを必要としている人とか、そんな人がいるという考えは捨てること。私たちはだれでも強くなったり弱くなったり、こわがったりビクともしなくなったりできる。強くて人を助けることができるのはたしかにすばらしいことだけど、泣いて、人にめんどうをみてもらわなきゃならない、というのも、ときにはいいもの。どっちだって、やっていい。

＊こまっていたり、ほしがったりすることははずかしい、という考えは捨てること。はずかしがることはない、あたりまえの気持ちなんだから。のぞみを話したからといってそのとおりになるとはかぎらないけど（友だちのマウンテンバイクに乗せてもらいたい、とか、ディズニーランドに行きたい、とか、誕生パーティーをやりたいとか、お父さんにぎゅっとだきしめてもらいたい、とかね）。でも、たのまなきゃ、ぜったいに思いどおりにはならない。

人とちがうのはあたりまえ

みんなと「ちがう」ってことでいじめられている人ってけっこういるよね。つまり、いじめている側《がわ》の人たちは、人と同じでいることに神経《しんけい》をつかってるってこと。

でも、わたしたちはみんな、一人一人ちがう。一人一人のよさは、それぞれちがっていて、個性《こせい》があって、すてきで、かけがえがない。つまり、ほかのどこにもない存在《そんざい》。だから、ちがっても問題ない。人間であるということは、ちがう、ということなんだから。

人間だからほかとちがうっていうのは、つまり

＊自分がやりたいと思ったことは、やっていいってこと。

やりたいと思ったことはなんだってやっていい。もちろん、自分や人にいやな思いをさせたり、家庭や学校でまもるべきルールをやぶったりすることは、自分の頭でよく考えなきゃいけないけど。理由がなくても、やりたいのならやればいい。自分がやることをぜんぶ人に説明しなきゃなんないわけじゃないんだからね。びしょぬれになって雨の中を歩きたいって思ってるんなら、即《そく》やるべし。

＊考えを変えてもいいってこと。

年をとるにつれ、新しいことに興味《きようみ》をもつようになるし、いろんな出会いがあるから、関心《かんしん》がひろがっていく。つまり、考えが変わるのはあたりまえのことなんだ。タレントになる夢は捨てて、お医者さんになることにしたっていいんだ。好きな食べ物をピザからポテトチップスに変えたっていい。愛読書《あいどくしよ》は、

『ピーター・パン』から『戦争と平和』にしたって、ね。つまり、自分のことをきらいだったのが、好きになろうと思うことだって、できるってこと。

＊まちがえてもいい、と思うこと。

　まちがえない人なんて世界中に一人もいない。なにか新しいことを勉強しているときは、なおさらたくさんまちがう。でも、あきらめないで挑戦《ちょうせん》しつづけよう（はじめて挑戦したときにぜんぶうまくできてしまったとしたら、先生が失業しちゃうよ）。まちがいをしたおかげでふきげんになることってない？　たとえば、親友《しんゆう》の誕生日を忘れたとか、何かをこわしたとか、約束していたことをしなかったとか。そういうときに大切なのは、やり直そうとがんばること（おくれたってカードを送ってみるとか）。それができないばあいはあやまること。「まちがいは成功のもと」って考えないとね（もちろん、これをいいわけにしたりしちゃだめだよ）。

心の力をなくさないで！

だれかのことをすっごくすてきだと思っていると、その人が自分のことどう思っているんだろうってすごく気になる。いいな、いいな、と思っていると、その人が気に入ってくれるように行動しようって思うようになりがち。そっくりそのまま、まねしようとするかもしれない。それは、かならずしも悪いことではない。自分がすっごく気に入っている人を観察したり、その人のようにやってみようとするうちに、たくさんのことをおぼえられるから。

でもそんなことばっかりやってると、自分の心の力をなくしてしまって、あこがれている人を基準《きじゅん》にしてしか、ものを考えられなくなってしまう。

あこがれている人にのぼせすぎない、というのはとても大切なんだ。最初は、たしかにその人がなんでも答えてくれるような気がするかもしれない。でも、きみにとって何が大切なのかをいちばんよくわかっているのは、きみなんだ。

A君、B君と仲よくなりたい。ぼくの頭のなかはそのことでいっぱいだった。とにかく二人と友だちになりたくて。そこで、二人が着ているようなトレーナーとジャージをお母さんに買ってもらった。二人が行ってるスイミング・スクールにも通いはじめたし、二人がスケートボードが好きだと知ると、やっぱりはじめることにした。

たぶんこの子は、この二人と友だちになれるかもしれない。そしたらだれかを喜ばせるためじゃなくて、自分が楽しいと思ったことを落ちついてやるようになるのかもしれない。

> わたしは近所の乗馬クラブにかよっています。ベリンダは自分の馬を持っていて、試合にも出場したりしているので、あこがれていました。ある日そのベリンダが話しかけてきました。「乗りたかったら来週わたしの馬に乗ってもいいわよ」と言ってくれたのです。わたしはベリンダが自分のことを目にとめて、親切に声をかけてくれたことがものすごくうれしくて、おそくまでのこって馬小屋のそうじを手伝いました。

たしかに、これがきっかけで親友になれるかもしれない。乗馬のことをもっとおぼえられるようにと親切な気持ちでさそってくれたんならうまくいくはずだ。

でも、あこがれている人とつきあえたからといって手ばなしで喜んでばかりはいられない。あこがれている相手が自分より年上だとか、自分より上手にできることがあったとしても、一人の人間としてきちんとつきあおうとしてくれていないかぎり、ほんとうの友だちにはなれっこないからだ。

じゃあ、きちんと自分のことをみとめてくれているかどうか、みきわめるには？　自分の気持ちに耳をすますこと。それだけでいい。

もし、きみが

＊ゆったりと

＊ほっとできて

＊一人の人間として受けとめられていて

＊ありのままでいることをかんげいされている
と、感じることができ、しかも自分でも楽しいと思っているとしたら、それでじゅうぶん。気にすることなんて、何にもない。
　もし、きみが
＊イライラして
＊心配で
＊落ちつかなくて
＊落ちこんで
いるとしたら、何か問題があるのでは？　そのままの関係では、きみをふゆかいにさせている人と会いつづけるのはやめたほうがいいかもしれない。

落ちこみからたちなおるために

どう行動するのかということは、どう感じているのか、と強く結びついている。

＊頭にきて泣きました。

＊腹がたってドアをバタンとしめました。

でも、感じていることをどう行動《こうどう》にうつすのかは、えらぶことができる。頭にきたって泣かないでいることも、腹がたったってドアをバタンとしめないでいることも、できる。

わたしってなんてダメな人間なんだろう。——そんなふうに思いはじめてしまうと、どんどん落ちこんでいく。ずっと仲よくしてきた人とのあいだが、急にうまくいかなくなったりすると、自分の悪いところばかり考えるようになってしまいがちだ。

わたしは、友だちと毎週土曜日にショッピング・センターをぐるぐるみてまわったり、そこでコーラを飲んだりするのを楽しみにしています。ところがある日のこと、約束したのにその子はバス停にやってきません。待っても待ってもこなかったので、家まで行ってみました。「あら、今日は行けないのよ」とあっさりいわれてしまいました。「べつに、いいでしょ？」と。よくなんかありません。頭にきたし、バカにされたと思いました。ほんとうは私のことを好きじゃないからこなかったのかもしれない、と心配になりました。

こういう悩みって、つらいよね。友だちがこなくてがっかりし、しかも、それは自分のせいかもしれないと不安になっているんだから。友だちとのつきあいのなかで、この子は自分の力をだせなくなっている。だから自分はダメな人間なんだと思うようになっているんだ。自分をおいつめていじめる、こんな気持ちをとりのぞくには、どうしたらいいんだろう。

バス停に来させることはできなくったって、ほかにやれることはある。たとえば——

①なんてひどいことをするんだ、という。

②バス停で待ちあわせるのでなく、家にむかえに行くように約束する。もし会いたいと思っているんなら、それしかない。

③これからは、ほかの人をさそってショッピング・センターに行くようにする。

④どれだけ信用できる子か、じっくり考えてみる。まだ友だちでいたいと思っていたとしても、来るかどうかは、あてにしないことにする。

⑤こうひとりごとを言う。「わたしと一緒に遊ぶのをすっぽかすなんて、ばかなやつめ。そんしたね」

こうすれば、失いかけていた自分の力を、もういちどとりもどすことができるはずだ。将来《しょうらい》、だれかのせいで落ちこむことになったら、こんなふうにひとりごとを言えるようになるかもしれない。「人が約束を守らないときっていうのは、事故だとか、何かあったからなんだよね。もし、一人きりでいたくなった、なんていうことのせいだったとしたら、私と会うのをすっぽかした相手がバカってことだよ」自分で自分をいじめるつらい気持ちに、バタンとドアをしめながら。

心の力をふくらませよう

心の力をどんどんふくらませて使ってみてほしい。心の力があれば、自分をまもるために思っていることを伝えられるようになる。

自分をまもるには、次のことがたいせつだ。

＊人にいわれたからといって、うれしいとか、悲しいとか感じることは、できない。きみの気持ちを自由に動かすのはきみだ。

＊自分ではやるべきじゃないと思っていたのに、だれかのせいで何かをさせられるなんてことはない。きみの行動の責任は、きみにある。

＊何をやってもあまりうまくいかないようなときだって、自分を好きでいようと思うことはできる。

＊だれでも、どういう行動をとることがいちばん自分にむいているのか、だんだんわかってくるようになる。いまは、それをいろいろためしているさいちゅうなんだ。

＊自分の気持ちをきちんと受けとめられる。いっぺんにいろんな気持ちを感じてもかまわないということを知っている（怒りながら、はずかしくなったり、不安なのにドキドキするほどうれしくて、楽しい）。だからこそ、人間だっていえるのだから。

＊何かたりない、と思うことは、とてもいいことなんだ。何が必要なのかをわかっていれば、それを実現するためにいろいろためしてみようとするからね。

＊対等《たいとう》な関係で友だちをつくる。心の力をじゅうぶんに生かすことができれば、友だちとのつきあいのなかで、自分ばかりを悪者に

思うことはなくなるはず。

自分の行動に責任をもとう

大人でも子どもでも、私たちはみな、自分の行動に責任をもたなくちゃいけない。

きみは、ウッソーって思うかもしれない。だって、いつもいろんな大人たち――親、先生、警官など役わりの力をもつ人たち――から「こんなふうに行動しなさい」とか、「ああしちゃだめ」と、いわれつづけてばかりいるんだから。

たしかに、どんなにがんばっても、自分の生活ぜんぶをちゃんと思いどおりに動かすことができている人なんて、大人であれ、子どもであれ、どこにもいない。

学芸会の主役のテストを受けましたが、他の人がえらばれてしまいました。わたしは、主役につくためにやれるだけの努力はしたのですが、演劇の先生はえらんでくれませんでした。

一番気に入ったジーンズを外に干したとたん、雨がふりはじめました。遠足にはいていきたかったので、どうか晴れますようにと願っていたけど、天気を思いどおりにすることはできませんでした。

天気を思いどおりにすることはできなかったし、演劇の先生の決定を思いどおりにすることもできなかった。でも、そういうときにどう行動するのかってことは、自分で決めることができる。

どん底につきおとされたような気がして、もう劇になんかでるものか、と決めてしまう人もいるだろうし、あんなにいっしょうけんめいに練習できてよかった、主役以外のテストを受けてみようかな、と考える人もいるだろう。

ふてくされながらも、なんとかほかのズボンをさがしてみようとする人もいれば、なんとかしようなんて思わないことにして、一日中とにかくムカつきっぱなしでいる、つまり遠足にはもう行かないことにする人もいるだろう。

責任をとるってどういうこと？

自分の行動に責任をとるということと、人に「まかされている」ということをかんちがいしている人がいる。

> お母さんが出かけているあいだ、妹を公園につれていきました。「ブランコに乗ったり、アヒルにエサをやんなさい、ってママがいってたよ。わたし、アヒルにエサをやりたい」と妹にいわれたので、「ママから、きちんと責任をもってやってね、っていわれたよ。ぼくは、ブランコにのることに決めたんだから、そのとおりにしなきゃだめなんだよ」とぼくはいいました。

世話をまかされた自分には全責任《ぜんせきにん》があるということ、何もかも自分かってにやっていいということを、この子はかんちがいしている。妹は幼い子だからわかんないはず、と思っているのかもしれない。

友だちの家でチェスをしていたときのことでした。わたしはつづけて二回勝ってしまいました。その子はものすごい負けずぎらい。三試合目をはじめたら、やっぱりわたしが勝ちそうになってきました。その子はとつぜんチェスのボードをひっくり返してコマをぜんぶ床に落っことしてしまいました。「試合ができなくなっちゃったじゃないの」というと、「あんたのせいでこんなことになっちゃったのよ。勝ってばっかりいるから。あんたがいけないんだからね」とさけびました。

もちろん、この子がめちゃくちゃなことをしたのは、人のせいなんかじゃない。自分でそうすることを選んだんだ。この子のやったことの責任は、ぜんぶこの子にある。

ぼくは、車が危険だから町のなかで自転車に乗ってはいけない、といつも両親からいわれていた。ある日友だちに「いっしょに自転車で町まで行って、新しいトレーナーをみようよ」と誘われた。「お父さんもお母さんも気がつかないよ、絶対に」というんだ。ところがお母さんにみつかってしまった。「自転車に乗ってはだめ、といっているでしょ。なんで、あんなことしたの？」とお母さんにしかられ、「連れていかれたんだ、僕のせいじゃないよ」とぼくはいいました。

誰かに強くすすめられたすえ、やるべきじゃないと思っていながらやってしまう。でも、すすめられるままにやってしまったのは、自分自身なんだ。強く誘われたとはいっても、自転車に乗ら「された」わけじゃない。この子の行動の責任は、この子にあるんだから。
　もちろん、大人のなかにも、自分の行動に責任をもつということをかんちがいしている人たちがおおぜいいる。

　お父さんが仕事から帰ってきたとき、わたしと弟はテレビ番組のことでケンカしていました。すぐさまお父さんは「俺は出かける、二人のケンカが静まったら帰ってくる」とお母さんにいいました。お母さんは二人をものすごくしかりつけると、どなりました。「一日中仕事で疲れて帰ってきたお父さんが、ご飯も食べてないで出てっちゃったのは、あんたたちのせいよ」

　このお母さんのいうことも、やっぱりまちがっている。この子どもたちに、お父さんはでかけさせ「られた」わけじゃないから。お父さんは、外に出かけずに、おとなしくするよう二人を説得することだってできたはず。
　だれかに「あなたに、これをさせられた」といわれたら、こう思うこと。「あの人がそうしたのはわたしのせいじゃない。人の行動にわたしは責任をもてないから。わたしが責任をもつのは、わたしの行動だけ」
　この点をきっちりつかんでいないと、自分をまもることはできない。

　もちろん、暴力を使ってむりやりやりたくないことをさせられた場合は、きみに責任はない。大人が自分の「役わりの力」を利用して、まちがったこと、つまりきみにとってふゆかいなことをやらせたときも、同じだ。手も足もだせないようにして、むりやりさせられたんだから。

　そういうときは、とにかく、逃げだすこと。思いつくかぎりのことをして自分をまもること。そして、きみのことをいちばん大切に思ってくれている人にきちんと話をして、二度と同じことがおきないように話しあおう。

3

元気になるレッスン

次のレッスンをやってみると、自分と友だちになれるよ。
きみのいいところを、きっと思い出せるからね。

元気になるレッスン１

自分と仲よくなるために

自分と仲よくなる、ということは、自分のどこが好きかをいえるということ。自分にはこんなこともできる、あんなこともできる、とできることを全部思い出してみよう。

リストを二つつくってみる。一つは自分の好きなところ、もう一つは、自分のできること。学校で一番水泳が上手じゃなくても「水泳がうまい」って書いていいんだ（つまり、チャンピオンじゃなくても、どんどん書いていい）。

たとえば、こんなこと書いた人がいるかもしれないね。

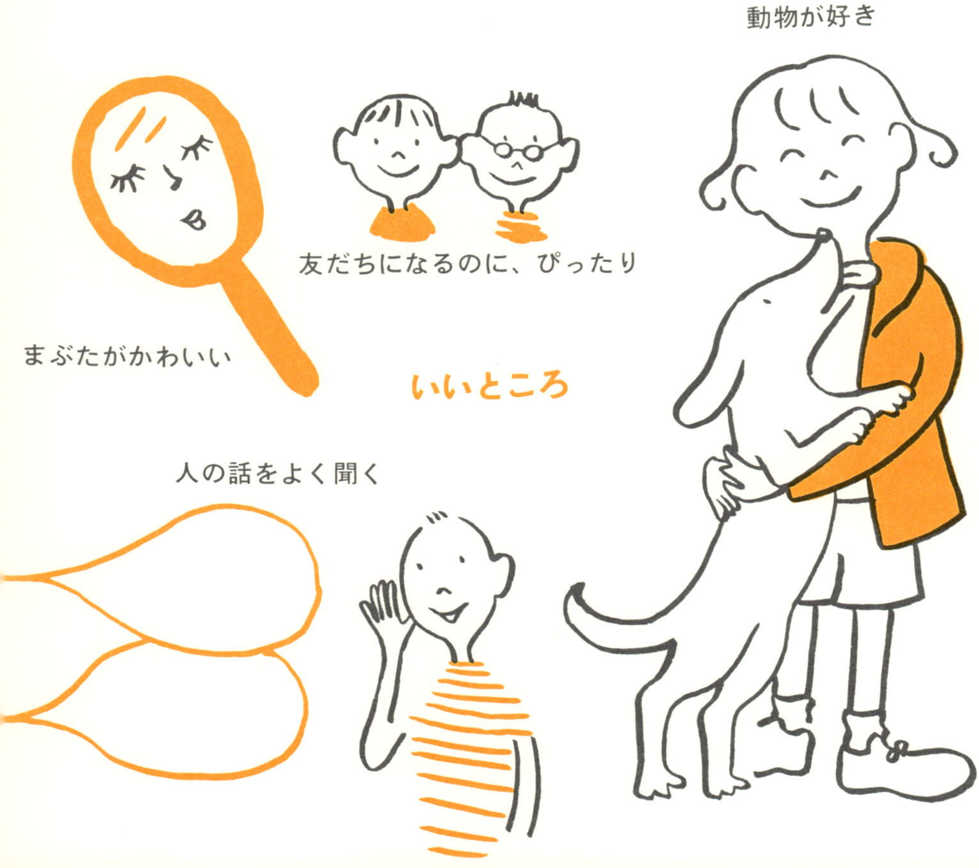

「わたしのことなんか、好きな人いるの？」なんて思うようなことがあったり、「ぼくのせいで、なにもかもだいなしだ。ぼくには、なんの能力もないんだ」なんて思ったら、このリストに書いてある、「わたしのいいところ」「ぼくのとくいなこと」を思い出そう。そして自分にもっとやさしくなってみよう。いいところを知っておくと、自分をまもることができるようになる。死んだほうがましだ、なんて思わずにいることができる。

元気になるレッスン2

さびしいとき、悲しいときに

　さびしかったりかなしかったりするときは、自分にごほうびをあげることにしよう。つまり、楽しいこと、何かすてきなことをやってみよう。お金がかかるとか、むずかしくてなかなか組み立てられないとか、そんなものじゃなくていい。

思いつくことをどんどん書きならべてみよう。何か新しく楽しいことがみつかったときは、そのリストに書きくわえていこう。さびしかったり悲しかったりするとき以外にも書いておこう。ときどき書いたものをながめてみるのもいい。公園に行ってアヒルの泳ぐところがゆかいだと思ったんなら、もう一度行ってみよう。

ゆっくり温かいお風呂に入る
可愛がっている猫をなでる
夕日をみる
デパートをぶらぶらする
絵をかく
テレビで好きなお笑い番組をみる

元気になるレッスン3

からだにいいこと、やってみよう

からだにいいこと、頭にいいことを、
毎日やってみよう。

頭にいいこと

ひとつの話題をおいかけて
ニュースをみる
パズルをとく
しんぶん
髪の毛をあらう
歌をおぼえる
図書館で本を読む

元気になるレッスン4

いっしょに、ちがいをさがそう

友だちか、家族のだれかとやってみて。

いっしょにすわって順番に

❶おたがいのちがうところを言いあう

❷おたがいの好きなところを言いあう

元気になるレッスン5

ホメホメ箱

だれかに何かすてきなことをいわれたり、ほめられたりしたら、書きとめておいて、きみのホメホメ箱にいれておこう。その箱をときどきあけて、いろんな人からいわれたすてきなことを思い出そう。

元気になるレッスン6
目をとじて、ゆったりと……

おなかは痛くない？　手をきつくにぎりしめてない？　つめはかんでない？　胸がからっぽな感じで痛くない？　頭は痛くない？　歯をぎゅっとかみしめてるの？　肩に力が入ってかたくなっていて、ゆっくりできてないんじゃない？

――こんなふうにからだがヘンな感じがしたら、何か心配だったり、こわがっていたり、さみしかったり傷ついていたりするってこと。からだがきみにつたえようとしていることに、きちんと耳をかたむけて、自分の気持ちの世話をしてあげよう。

からだの声をよくきいて、何を言おうとしているのか、耳をかたむけよう。いろんなことがうまくいっているかいないかを教えてくれる。こわばっていたり、からっぽな感じだったり、痛かったりするところを直して、面倒みてあげよう。

友だちや家族に、下の指示をゆっくり読んでもらおう。
一項目読むごとに一休みしてもらうこと。
ゆっくり時間をかけて指示された
ことをやってね。

❶目をとじたまま、床《ゆか》にゆっくりころがります。

❷背骨《せぼね》から首にかけてのばして、気持ちよくなるように、あごを少しひいてみます。

❸からだをじっとさせたまま床を感じてみましょう。

❹お腹まで深く息をすいます。ゆっくりはきだします。

❺もういちど、深く息を吸います。ゆっくりはきだします。

❻波打ちぎわで横になっているところを思い描いてみてください。からだの形が砂に残っていくところを、思い描いてみてください。

❼からだがだんだんゆったりとしてきて、ゆっくりと砂のなかにはいっていきます。まず、頭からはじめて、最後には爪先までだらんとさせましょう。

❽深呼吸《しんこきゅう》を数分間しながら横になります。

❾さあ、目をあけてゆっくりすわりましょう。

4

自分をまもるかしこい方法

いじめのことを話そう

いじめられていることをぜったい話しちゃいけない、というきまりは、いじめている人が自分たちのためにつくったものだ。だって、そうきめておけば、すごくつごうがいい。安心していじめていられるし、相手がだれかにしゃべったら「チクッたな」「おしゃべり」「弱虫」「どじ」「ガキ」っていえるから。

大人のなかにも、いじめのことを話すのはよくないことだ、とかんちがいしている人たちがいる。「いじめはあなたにとって大切なこと」だと教わって育ったからだ（たくましくなるため!?だってさ）。大人になるためにはのりこえなきゃならないこと、とか、助けをもとめるなんてだらしないはずかしいこと、自分でちゃんと解決すべきである、なんてね。

いじめは自分ひとりで解決すべき問題だという考えかたは、子どもたちのあいだでも、あたりまえのことのように受けいれられてしまっている。電《でん》話《わ》相談《そうだん》の仕事をしている人たちによると、学年が上の子どもたちからの電話の方が少ないらしい。本当はいじめられている人はたくさんいるのに、だ。自分でなんとかしなくっちゃって思ってるんだろうね。

なかには自力でなんとか解決できる場合もあるけど、そうできないことだって多い。大人だっていじめられたら、だれかに相談していじめをやめさせる糸口をみつけようとする。どんな人でも、ふみにじられ、ふみつけられていることは、だれにも話さず心の奥《おく》にしまいこんでおきたいものだ。そうしていないと、生活ぜんぶがみじめでやりきれないものになってしまうような気がしてくるんだ。つらい経験《けいけん》を話すには勇気と決断力《けつだんりよく》がいる。

でも、そうしなければ、いじめられっぱなしでいることになる。人が自分を支配するのを許しつづけていくことになる。いじめられるなんてもうたくさんだ、という心の声にちゃんと耳をかそう。その気持ちをまもるために、だれかに相談して助けてもらおう。

助けをもとめる

大人に助けをもとめるときは、つぎのことをしっかりつたえたい。

＊すぐに助けてほしい。

> 公園でひやかされたり、使いっぱしりさせられたりしたことを母さんに話したら、母さんは「すぐにおさまるわよ」と言っただけ。「もし来学期もつづくようだったら、お母さんもなんとかしてあげるけどね」と。

最後の勇気をふりしぼっていじめられたことを話してみたのに、けっきょく手をかしてくれない、かしてくれるつもりがないとしたら、絶望《せつぼう》するしかなくなってしまう。そういうときは、わかってくれて応援《おうえん》してくれそうな人をみつけるしかない（電話相談に電話するといいアドバイスをもらえるかもしれない）。

＊きみが大人に助けをもとめたことが、いじめている側にわかって、もっとひどい目にあったりしないよう、ちゃんと前もって対策をた

てほしい。

> 担任の先生が学級会でいじめのことを話しましたが、それをきいて、いじめのことを先生に話したことがみんなにわかってしまいました。それからというもの、わたしに対するいじめはもっとひどくなってしまいました。

＊ただ、お説教《せつきよう》したり、なぐったりするだけでは、いじめはよけいにひどくなる。

> 体育の道具を更衣室《こういしつ》で投げとばされたこと、シャツをやぶかれたことを父さんに話したんだ。するとその翌日すぐに父さんは学校に行って、いじめた子たちになぐりかかった。その学期のあいだじゅう、ぼくは、ひどいめにあいっぱなしだった。

　だれにもうちあけないでいると、いじめはずっとつづく。でもきみだけがいじめられつづけてるわけじゃない。きみがだれかに相談したことがきっかけになって、みんなも落ちついた安心できる雰囲《ふんい》気《き》のなかですごせるようになるんだ。次は自分がいじめられる番かもしれない、とビクビクおびえなくてもすむようになる。おたがいをきちんと大切にしあえるようになるはずだ。

＊なるべく、だれかといっしょに話す。友だちとか、いじめの現場にいあわせた人とか、お母さんとかお父さんといっしょに。だれかいっしょにきてもらおう。

＊あんまり長い間ほっとかないこと。たぶん、自分でなんとかケリをつけたいと思っているんだろうけれど。えらい。でも、もしうまくいかなかったら、いつまでもだらだら長びかせないことだ。助けてもらおう。いじめが長びくと、それだけやめさせるのもたいへんになるから。

＊もし学校が、いっこうにいじめをやめさせようとしてくれないんだったら、最後の手段《しゆだん》として、転校することも考えてみよう。お父さんやお母さんに話してみるといい。

＊

いじめの問題は、みんなの気持ちを考えてていねいにとりくまないと解決できない。最近では、ずいぶん多くの人がこのことに気がつきだしている。イギリスで活動しているグループ「いじめヘルプライン」がおこなった研究によると、大人に助けを求めた子どもたちの４分の３近《ちか》くが、よい効果があったと思うと答えている。

いじめがおこったら、大人の助けがなければなかなか解決はできない。大人がほんとうによく考えて助けることができれば、いじめはうまく解決できる、ということでもある。

いじめ予防対策

いじめっ子が近づいてきたら

＊できるだけ友だちといっしょにいる。みんなの中にいる。

＊公園だったら、大人のいるところにいる。

＊からかわれたり、いじめられたりしても反応《はんのう》しない。

おこったり、ムカついているところはみせない。なるべく落ちついてみえるようにする。反応しないと、むこうもいじめたいと思わなくなる。

＊高いものを学校に持っていってみせびらかさない。

＊ごはん代や持ちものをとられても、ケンカしないようにする。

昼食代ぐらいでなぐられるなんて、わりにあわないからね。できるだけすぐに、何がだれのせいで起こったのかを、話す相手をみつけること。もう二度と起こらないようにするにはどうしたらいいかを、いっしょに考えてくれるような、きみのことをなによりも心配してくれる人に相談すること。

＊からかわれそうなこと、いじめのタネ（へんてこなあだ名や名前、メガネ、補聴器《ほちょうき》、くせ毛、そばかす、背が高い、低い、太ってるなどなど）についてどうやって返事するか練習する。

そうすれば、きみがそんなことぜんぜん気にしてないという印《いん》象《しょう》を、相手ももつだろう。

ことばによるいじめには

ふざけているのか、いじめているのか

ことばをつかったいじめというのは、だれかを傷つけるために、名前をはやしたてたり、バカにしたりすること。そういういじめのばあい、「ふざけただけじゃないか、本気にするなよ。ユーモアのセンスがないな」なんてごまかされることが多い。

でも、ことばを使ったいじめと、ふざけるのとは、じつはまったくちがうものなので、はっきり区別できる。

ふざけてからかわれているのは、こんなばあいだ。

＊きみも楽しい。
＊相手は、きみのことをよく知っていて、大切にしてくれている人だ。
＊だれもあんまり深刻《しんこく》になっていない。きみも、おもしろがっている。
＊腹が立ったとしても、すぐに消えうせてしまうような淡《あわ》い気分しか起こらない。
＊一方通行ではない。からかっている人がからかわれたり、ふざけあったりできる。

学校では、いろんな人がふざけて、からかう。みんなおたがいにちがう面をもっているからだ。こういうことになれていない人には、

けっこうしんどいかもしれない。家で兄弟や姉妹としょっちゅうふざけあっている人は練習しているようなもんだから、けっこう楽にやりすごせるんだろうけど。冗談《じょうだん》につきあうにも、練習がいるってことだ。

からかわれるとムカつくって人は、心の準備をしておくといい。

たとえば、歯の矯正《きょうせい》をして初《はじ》めて学校に行くときは、どんなふうにからかわれ、どんなふうに答えるか、前もって考えておく。

＊「ジョーズ」の映画にでることになったの。

＊美しくなるには、苦しみがともなうものね。

＊あなたの歯も矯正しなきゃなんないように、わたしには見えるけど
ね。

＊うらやましいから、そんなこといってるんでしょ。

お父さんとかお母さんとかきみのことを大切に思ってくれる人にも、どんな答えが考えられるかきいてごらん。からかい役をやってもらって、きみが返事をしてみてもいい。そしたら、自信がつくかもね（そこまでして、けっきょく、矯正のことについてだれからも何もいわれなかったりして）。

からかうってことでもう一つ大切なのは、反応しなければからかわれなくなるってこと。おもしろがるか、怒るか、きみの反応がみたくてからかうんだから。冷静でなんにも反応しなければ、だれにもからかわれなくなるってことだ。

＊

からかいかたがしつこくざんこくになってきて、つらい思いをす

るような人がでてくると、それはもうふざけるという段階《だんかい》をこえている。いじめのばあいは、人を深く傷つける。

＊からかうのが一方的になってきて、からかわれるのがいつも同じ人になっているばあい、それはもういじめ。
＊このあとに出てくる「暴力によるいじめには」の対策が、ことばを使ったいじめにも役にたつ。たいていのばあいは、暴力とことばを両方いっしょにつかっておどしてくる。

おどされたら

おどされたときは、とにかく、ありのままを話せる大人をみつけること。きみの思っていることをいつもちゃんとわかってくれる人がだれなのかは、きみにしかわからないことだ。とにかく、きちんとぜんぶ話そう。
「大切な秘密《ひみつ》をにぎっている、みんなにいいふらすぞ」とおどして、ひどいことをやらせたり、物をとりあげようとする人たちもいる。これは、ゆすり。ゆすりに立ちむかういちばんいい方法は、「いいたいならいえば。お好きにどうぞ」ということ。勇気がいることだ（だれだって、はずかしい秘密ってあるからね）。やっぱり、これも信用できる大人に話すこと。きみの秘密は、思っているほどにははずかしくないことかもしれないよ。

ひやかされたりやじられたりしていじめられていると、自信がなくなってくるものだ。第２章「自分と友だちになろう」にもどって、きみのいいところを思い出そう。

とにかく自分をおいつめないこと。きみ自身のなかのいじめをとりのぞくには、時間がかかる。自分をはげますことについて書いてある第３章を読んで、楽しくなるレッスンをやってみよう。

暴力によるいじめには

年が上になっていくにつれ、意見がくいちがうことがあっても、こづきあわずに、話しあって答を出そうとするようになってくる。にぎりこぶしの使いかたじゃなく、ことばの使いかたをおぼえるってことが、大人になっていくってことなんだ。

こまったことに、大人になっても暴力《ぼうりょく》で相手をうちまかそうとする人たちがいる。なぐったり、ひっぱたいたり、髪の毛をひっぱったり、ケンカしたり——人をいためつけていいなりにさせるために、暴力をつかう。

こういう人たちがケンカをしかけて、いためつけようとするのは、自分よりも小さかったり弱かったりする人だ。

ケンカが得意じゃなかったり、ケンカしたくないと思っているんだったら、暴力でいじめられそうなときは、つぎのようにするといい。

つまり、**逃げるが勝ち**。

物語の上では、小さくて弱い者が大きくて強い者を負かすことはしょっちゅうある。ところがくやしいことに、公園なんかでのじっさいのケンカのばあいは、大きくて強いいじめっ子が、ケンカがヘタだったりケンカをしたくないと思っている小さくて弱い子たちを徹底的《てつていてき》にうちまかしてしまうのだ。

戦わないようにする

走ってにげだせないとか、ケンカをふっかけてくるいじめっ子に会わないようにするとか、そういうことができないとしたら、つぎのような作戦《さくせん》がきき目があるかもしれない。

＊うまいことだましてその場からにげだす
たとえば、先生がそこで待っているとか、お父さんがむかえにくるとか、はったりをいう。
＊とにかくその場を立ちさるようにする
ケンカするには最低《さいてい》二人の人間が必要《ひつよう》。相手にならなければ、きみも傷つかずにすむ。ところが、これがけっこうむずかしい。だって、むこうが勝ったようにみえる、つまりバカにされたままでいるってことだからね。まわりでみている友だちに弱虫と思われるぐらいなら、ぶたれた方がましだと思ってしまうんだ。でもね、ケンカをせずに立ちさってしまえば、暴力で傷つけられることも傷つけることもなく、帰れるんだよ。バカにされたりひやかされたりしながらにげるほうが、じつはずっと勇気がいる決断《けつだん》なんだ。

ケンカというのは、バカにされたと思ったほうからしかけることが多い。
「オレのこと、なんて呼んだ？」
「だれにガンつけてると思ってるんだ？」
「もういちど同じこといってみろ」
など、など。

ケンカするのが楽しい人たちは、バカにされたと思うための理由をわざわざさがしては、人をいじめようとする。だれかをいたい目にあわせるいいわけがほしいから。

こういうケンカが公園なんかでおこると、みんながどっと見物にやってくる。本やテレビドラマの世界だったら、いじめられている人の友だちがかけだして先生をつれてきて、とめにはいってもらうことになっているけど、じっさいはこんなことにならないばあいが多い。

もしきみが、ひどいことをされたりいわれたり、いやな思いをしていて、いじめられかかっていることに気がついたら、相手にならないようにすることだ。とにかく、頭をひやしてゆっくり考えてみる。しかえしなんかして相手を怒らせたりすれば、すっかり相手の思うつぼだ。

相手のいうことをみとめてみるのも一つの手だ。たとえば、メガネをかけているので「四つ目」と呼ばれたり、だからケンカするのがこわいんだな、とバカにされたりしたら、「そうです、メガネをかけてます」、「そうです、ケンカしたくありません」と、みとめたっていい。みとめたからといって、いくじなしなわけじゃないんだから。だって、そのことは事実《じじつ》なんだし、なにもはずかしがるようなことじゃない。

ひどいウソをいいふらすようなことをされたときは、みとめたりせずに、おちついてこういおう。「そんなの、ウソだよ」と。

相手は、きみの反応がみたくて、やっているんだから。怒ったところや、こわがるところがみたいんだ。バカにされても反応しないでいたら、ひどい目に会わずに、つまりケンカにまきこまれずににげることができる。

いじめっ子に対《たい》してたちむかう。これを実行するには、タイミングをうまくえらぶこと。ほかに見ている人がだれもいないときがいいかもしれない（ほかの人たちがまわりにいると、やり返されたところなんてみせてたまるもんか、とムキになるから）。

自信をもって落ちついて、はっきりとこういってみる。「オレのこと好きじゃないってことはわかるけど、こんなこと、いつまでもつづけられるなんて思うなよな」。もちろん、うまくいかないかもしれないけれど、もし、うまくいきそうな気がするときは、やってみる価値《かち》はある。相手はこわがられていると思っていじめてるんだ。たちむかわれると、おじけづいちゃうかもしれない。

＊かるい調子《ちょうし》でかわす。おしゃべりがとくいで口がたっしゃなら、やってみる価値あり、だよ。もし、ユーモアのセンスがあるんなら、冗談《じょうだん》を使ってなんとかその場をにげきることもできる。でも気をつけて。笑い者にしているとか、バカにしているとか思われないようにすること。

＊「バラすからね」とおどしをかける。きみをいたい目に合わせる権利《けんり》なんか、だれにもない。どんどんいっていいんだよ。いや、ぜったいにだれかに報告《ほうこく》すること。

大人とか、年上の人に話すことはひきょうだと思っている人もいるかもしれない。それはまちがっている。ひどい目にあったら、年上の人とか、先生のような人にまもってもらうのはとうぜんのこと。子どもや若い人をまもるということは、親だけでなく先生や警備員《けいびいん》、用務のおじさんおばさんの「仕事」でもある。（ざんねんなことに、なかには、やさしくかしこく、気のきいたやり方でケンカをとめてくれそうにない大人もいるけど)。ともかく、ひどい目にあうまえにまず暴力をくいとめることが大切だ。

護身術をならうと役に立つ？

カラテの黒帯をとったとしても、もういじめられないなんて保証《ほしょう》はどこにもない。でも、格闘技《かくとうぎ》をきちんとならったことがあれば、いじめられるおそれは少なくなる。自信があるようにみえるだけで、いじめの相手にえらばれることが少なくなるってことだ。

戦いかたを身につけるいちばんいい方法は、護身術《ごしんじゅつ》、つまりカラテのような武道《ぶどう》を教えてくれる教室にかようことだ。

こういう教室にかよっていると、乱暴《らんぼう》されそうになったときにも自信をもってはねのけられるようになっていく。暴力を使わずにおそろしい場面をきりぬけられるようになる。

思いどおりに人を動かしたいとか、力づくで子分《こぶん》にしたいなんて思っている人も、こういう教室にかよってみたらどうだろう。怒りや不満、そしてやりばのない気持ちのはけ口を教えてくれるだろう。

もちろん、護身術や武道をならったからといって、夢みたいなことができるようになるわけじゃない。つまり、

＊ウルトラマンとか、スーパーマンにはなれないということ。テレビのヒーローのまねなんかしても危険《きけん》な目にあうだけだ。

＊護身術や武道というのは、練習をつづけることが必要。そうしないと腕はすぐに落ちる。

＊自分の体を使ってやりかえすというのは、おどかされているときにその場をきりぬける一つの方法にすぎないし、最後の手段でしかない。

やりかえさない、という方法もあるってことを忘れないでほしい。

もめたとき・解決したあとで

いじめられてやりかえしたとか、いじめをやめさせようと必死《ひっし》になっているうちに、こっちから先に手を出してしまったとしよう。いじめがあったことを知らない先生や大人がこれを見かけたら、誤《ご》解《かい》をして、いじめている本人ではなく、いじめられているほうの人を注意してしまうかもしれない。

もしこういうことになったら、ややこしい。友だちや、その場にいた人をよんで、何が起こっていたのかを説明してもらおう。両親といっしょに、問題を整理《せいり》することもできる。

先生やほかの大人たちは、全体像《ぜんたいぞう》をつかんで問題の解決《かいけつ》にあたってほしい。たまたま見かけたことは、たくさん起こっているいじめの、ほんの一例にすぎないかもしれない。かんたんにきめつけないことだ。

こういう点をきちんと考えてとりくもうとしないかぎり、学校からほんとうにいじめをなくすことはできない。いじめの実情《じつじょう》すら調べられないだろう。

いちおう解決したら

ヤバい感じになったのだけれど、なんとか切りぬけてケンカにならずにすんだとしたら、話のしやすい相手に、何があったのかをぜんぶしゃべること。こういうばあい、まだまだおっかないことが起こるかもしれないからだ。

なぐられてケガをしたとしたら、すぐに親しい大人に話すこと。なぐった人に文句をいいに行くかどうか、こういうことが二度と起こらないようにするにはどうしたらいいのか、をいっしょに話せる人がいるはずだ。お医者さんに行ったほうがいいばあいもある。

バカにされっぱなしだったり、ウソやひきょうなことをいわれっぱなしだとしたら、きみの頭のなかは怒りで煮《に》えたぎっているにちがいない。心はズタズタに傷ついているだろう。でも、あぶない場面をうまく切りぬけたってことのほうを喜ぶべきなんだ。いじめっ子がいったことを取りけさせるなんて、映画のなかだけのことだ。

自信をとりもどすには、少し時間がかかる。でも、暴力を受けたり、ぶじょくされたりする理由なんてきみにはない。頭にきて、とうぜんのできごとなんだ。ムカついてあたりまえのことなんだ。

集団のいじめには

たくさんの人間からいっしょになって無視《むし》されたり、仲間はずれにされたり、暴力をふるわれたりしていたら、どんな人だって、手も足もだせない。

自分に自信がある人でも、味方になってくれる人がいなければ、ひとりぼっちで、おくびょうで弱虫で、なさけない人間だって思うようになっていく。自分に悪いところがあるんじゃないかって、考えてしまう（もちろん、悪いところなんかないんだよ）。

こういういじめが一番やっかいだ。とくに長いあいだつづいているばあいはそう。もし、こういうことがきみに起こっているとしたら、自分だけでなんとかしようなんて思わないこと。そんなことできる人なんて、いやしないんだから。

きみの話をじゅうぶんにきいてくれる人にありのままを伝えて、その人といっしょに、これからどうしたらいいのかを考えてみよう。

人によっては、だれかに見られているときをえらんでいじめようとする。ファンや応援団《おうえんだん》にかこまれて、自分のことばが一つのこらず注意ぶかく聞いてもらえることが、うれしいんだ。わざわざ皮肉《ひにく》をきかせたり気のきいたことばをつかったりするのも、頭がいいところをみとめてほしいから。残酷《ざんこく》さ、つまり暴力の質《しつ》も、見物人がいるとよけいに過激《かげき》になっていく。

こういう暴力的な集団《しゅうだん》のなかにいると、自分には責任《せきにん》がないような気がしてくる。自分がはじめたわけじゃないし、悪いことを

「みんなでいっしょに」やっているからだ。

いじめグループのなかで、ほかの人とちがうことをいったり、同じことをやるのをことわったりすることは、なかなかできることじゃない。友だちがいなくなるような気がするからね。バカにされたりおどされたりして、仲間にひきこまれることもある。(「ドンくさいぞ」「よしよし、ママのところにお帰り」なんて言われるんだ)。

だけど、一人でやっていないからといっても、やっぱり一人ひとりに責任がある。そのことをしっかり頭に入れておかないと、自分ひとりだったら夢にも思わなかったような、残酷でひどいことを、やってしまうんだ。

見物人としてそこにいるということだけでも、いじめグループをますます図《ず》に乗せていることを、ぜひ、心にとめておいてほしい。

もしきみが、みんながやっていることになんだかしっくりこなかったり、おどろいているとしたら、ほかの人たちもそう思っているはず。みんなも、こわくて口にだせないだけなんだ。声をかけやすい人に、グループから抜けよう、いじめをやめさせようよ、と話してみるといい。

自分ではどうにもできないほどひどい状態《じょうたい》のときは、とにかくみんなのやっていることにくわわらないこと。なるべく、すぐにどこかへ助けをもとめにいこう。

集団のいじめが、とくに過激になりやすいということを、ぜひ知っておいてほしい。そうすれば、自分のおかれた立場がよくわかるだろうし、かんたんにはまきこまれないようになるだろう。いじめグループにくわわっていたとしても、あとで後悔《こうかい》するようなこと、はずかしいと思うようなことをむりやりさせられることは、さけられるはずだ。

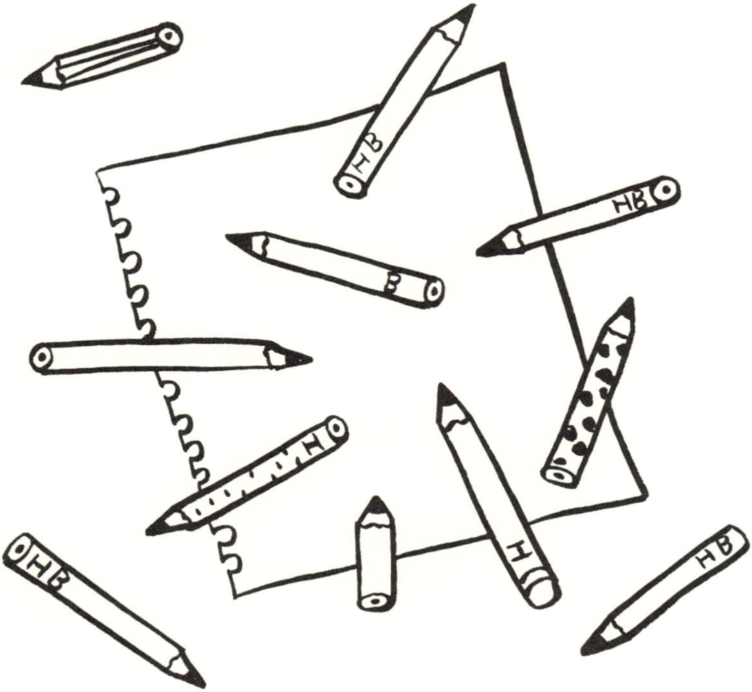

いじめをなくすために

もし、きみがだれかをいじめているなら

もし、きみがだれかをいじめているとしたら、これからの人生も勝つか負けるかでしか考えられなくなってしまうだろう。だれかをいじめているきみは「勝ち」で、相手は「負け」ってことになる。でも、本当に勝っているの？

きみがいじめている人、きみがいじめているのを知っている人からは、いつまでもこわいって思われてるだけなんだ。

そんなさびしい生活、ばかばかしい。

行動のしかたは変えることができる。たとえば、こんなふうに考えてみたらいい。

＊人をいじめて思いどおりに動かそうとしたりしない人たち、つまり、ゆったりと落ちついて楽しく人とつきあっている人たちを、じっくり観察《かんさつ》してみる。その人たちのいいところを、まねしたくはならないかな。

＊両親やお兄さんお姉さんから家でいじめられているような人は、いじめられることがどれだけつらいことか、わかっているはず。こういうふうに自分に接《せつ》してくれたらいいのに、という家族に対するきみの気持ちを思い出して、きみも自分やほかの人に対してやさしくしてみよう。

＊ことばをつかったいじめが、どれほど人を苦しめるか、考えてみ

て。暴力を使ったいじめほどはひどくないにしても、同じぐらいつらいものなんだ。

＊みんなを自分の思いどおりに動かそうなんて考えなくても、リーダーになれるんだ。りっぱなリーダーというのは、全員を公平にあつかい、みんなの意見をきちんと聞いたかどうかを確認《かくにん》しながら、自分のチームやグループの人たちの世話をするものだ。自分が中心になって何かを実行するときは、ぜひ頭に入れておいてほしい。

＊きみが好きな映画や本、テレビのヒーローはどんな性格だろう。「敵」をなぐったり、ピストルをうったり、ナイフで刺《さ》して解決しようとする、ランボーみたいな人なのかもしれない。暴力を使わずに勝ちつづけるヒーローだっているということを、思いおこしてほしい。

＊どこが気にいらなくて、いじめるのかな。その子がビクビクしてるのは、きみがいつもおどすからだ。ドンくさく見えるのは、生まれつき腰が悪いからだ。洋服がみんなみたいにかっこよくないのは、高い服なんか買うよゆうがないから。――きっと気がついてなかったんだろう？　自分以外の人のことも、一人の人間としてみてあげよう。きみがほかの人とはちがうように、みんなもきみとはちがうんだ。

＊みんなの前でめだつのが楽しいから、いじめるのが楽しいの？人を傷つけなくても、そういう楽しさを味わうことはできるんだ。たとえば、学芸会で何かを演じるとか、得意なスポーツにうちこむとか。何かそういうこと、やってみたら。

きみの学校でいじめがあるなら

いじめが起こるのは、学校がほとんど。学校に通っている間にいじめられた経験《けいけん》のある子どもは、じつに、五人のうち一人にものぼるらしい。学校の行き帰りでも、いじめはおこる。ひどいいじめが起こるのは、大人が近くにいないばあいがほとんだ。同じ学校の子どもたちのばあいもあれば、別の学校の子どもたちのばあいもある。

学校は放課後、登下校《とうげこう》の安全までふくめて、いじめの対策《たいさく》を考える必要があるということだ。

家庭でも、いじめはおこる。兄弟や両親からいじめられているばあいがそうだ。いじめられることになれすぎてしまい、いじめられていると気がつかない人もいる。そんなふうにくらしてきた子どもからすれば、けんかごしに暴力を使って人とつきあうことが、何か問題がある、いけないことだとはなかなか思えないものだ。学校でいじめをしているような人たちのなかには、じつは家でいじめられているという人もいる。

もし、学校がいじめの問題にほんとうにとりくみたいと思っているなら、問題がおきるたびにただ処理《しょり》するというのではなく、きちんといじめをなくす対策を考えることがとても大切だ。子どもたちがそこに参加し、中心になってまとめなければ、その学校にぴったりの案をつくることはできない。

最近では、たくさんの学校が対策をまとめて、生徒が安心し、自信をもってすごせるような雰囲気《ふんいき》づくりをめざしている。いじめが起きた場合にも、すばやく問題に気づいてとりくむことをめざしている。

もちろん、そういう学校でもぜったいに二度といじめがおこらないとは保証《ほしょう》できない。そんなふうに考えることのできる学校なんてどこにもない。大切なのは、いまいじめがないということを、いつもきちんと調べているということだ。

いじめをなくす対策をたてるために、手助けとなる考えかたを書いておこう。

＊ひとりっきりでいじめの問題にとりくまなきゃならないなんてことがおきないように、学校全体がまとまること。学校で勉強している人、働いている人みんな――校長、教師、用務員、給食のおばさん――が目を光らせて、いじめの問題にとりくむこと。

＊どんないじめも許されない、ということをみんなが知ること。こういう内容の発表をすべての生徒、保護者《ほごしゃ》に知らせよう。その発表のなかでは、みんなが人に対して優しく責任ある態度《たいど》をとるようにすれば、前向きな結果がうまれるということを強調すること。

＊生徒と先生が学校と校庭、通学路について意見をだしあう。どういう場所で、何時ごろにいじめがおきているのかを知る（ろうか、雨が降っているばあいの休み時間の教室、トイレ、スクールバス）。そういう場所をきちんと監督《かんとく》するようにする。

＊生徒と先生とで、どういうときにいじめられやすいのかを話し合う（入学、転校のときなど）。そういうときでも安心してすごすにはどうすればいいのかを、考えてみる。たとえば、入ってきたばかりの新入生の世話役《せわやく》を上級生が受けもつことにする、とか。学校を案内したり、親しく接してあげたり、いじめの心配や恐怖《きょうふ》がないかどうか、注意してみる。

＊上級生が、新入生の力になるための方法を考える。新入生にとっ

て、中学校はひろくておそろしい。上級生は、地図、掲示《けいじ》板、看《かん》板《ばん》などを工夫して、「危険な場所」には行かないように教えてあげる。

＊先生と生徒は、定期的にいじめやいじめに関係する問題について、話し合いをもつ。この問題をあつかっている芝居《しばい》、ビデオを勉強してもいい。

まとめ

いじめというのは、これまでずっと子どもが一人で苦しんできた問題でした。

不安や苦しみをやっとのことで身近《みぢか》な大人に話したとしても、ちゃんと耳をかたむけ、手をかしてくれるのかどうか、まったくわからなかったからです。

最近になってやっと、学校でもいじめの問題がおおっぴらに話しあわれはじめ、おおぜいの子どもたちが必要なささえや助けを手にできるようになりました。いじめている子どもたちを理解し、いっしょにいじめをやめる道をさがそうとするこころみも、やはりはじまったばかりです。

大人の世界にもいじめはありますが、大人の場合は少なくとも、組合、カウンセラー、さらには警察などにも助けを求めることができます。

おおくの子どもたちは、いたわり尊重《そんちょう》しあいながら人と人がつきあうこと——だれしもが願ってやまないことであり、だれしもが実現できることなのですが——にふれる機会をもつと、積極的にとりいれようとします。

私たちも子どもたちとともに、対等なつきあいというものが実現できることを、強く信じていきたいと思います。

訳者あとがき

目をそむけたくなるような卑劣で陰湿ないじめ。おいつめられた子どもたちの自殺。「だれにだって起こるあたり前のこと」「成長のために、のりこえなければならない試練」などとかたづけてしまうことは、もうできない。

イギリス全土の５歳から16歳までの子ども4000人を対象に10年前に行なわれた調査によれば、５パーセントに相当する子どもたちが、日常生活に支障をきたすほどのひどいいじめを長期にわたって受けているという。学校に行くのが怖くなる、体の調子が悪くなる、自殺をはかるなどの深刻な影響が報告されている。息をするのもやっとの子どもたちが、ここにもいる。

本書『自分をまもる本――いじめ、もうがまんしない』Don’t Pick on Me――How to Handle Bullying, Piccadilly Press, 1993 はそんな子どもたちが生きのびるための手引き書だ。深呼吸して考えを整理するために必要な、具体的なことだけが書かれている。学校や社会をとりまく条件、個の確立についての考えかたのちがいをこえて、日本の子どもたちの「心の力」を耕す手助けをしてくれるはずだ。現実はこんなに甘くない、といわれるかもしれない。しかし、だからこそ、自分を信じて自分をまもる術《すべ》を素朴に手渡していくことが、いま、求められている。

助けを求めよう、人の力を借りていいんだよ。――本書で著者がくりかえし語りかけているこのことばは、そのまま大人たちに向けられた問いかけでもある。助けを求められる関係を子どもたちとの間につちかおうとしているのか、と。大人たちにもぜひ、読んでもらいたいと思う。

日本でも、子どもたちのことばに耳をかたむけ、その過酷な日常に向きあうとする動きがやっと生まれつつある。先の調査を先駆的に行なったイギリスのグループ〈キッドスケープ〉は、いじめ問題に専門的にとりくんでいる民間団体だが、その資料を読むと、イギリスにおける積極的な試みは、電話相談、本書のような子ども向けの本の出版にとどまらないことがわかる。子どもたち主体でいじめ調査の質問を考え、実施する。ワークショップを開催し、議論を積み上げる。劇を創作する。ビデオをみる。人種差別について学ぶ……。活動の核には、いじめている側、いじめられている側両者への信頼がある。新しい関係を育てるには、まず、大人が自分の足元を問うことから始めるしかない、ということだろう。

1947年生まれの著者、ローズマリー・ストーンズは、このほかにも性の問題、両親の離婚など子どもが直面する緊急の課題についての本を書いている。「楽しく生きるために必要な知識」を、教師や心理学者といった専門性によりかかることなく伝えようとする語り口は、のびやかで、子どもたちに直接届く。

日本の年若い読者が素直に読めるものにするため、翻訳するにあたって補足、あるいは構成しなおした部分があることをお断りしておく。最後にチャーミングなイラストを描いてくださった杉田比呂美さんと、きめの細かいアドバイスをくださった晶文社の皆さんに、感謝したい。

1995年10月

新版　訳者あとがき

学校での陰湿ないじめを苦に子どもが自殺したという報道が、後を絶たない。今すぐいじめをやめさせることはできないとしても、せめて被害者の自殺を食い止めたいと思うのは、わたしだけではないだろう。

本書『自分をまもる本』は、いじめの被害者本人にむけて、こう語りかける。

自分で自分をいじめないで。

怒るのはいけないことじゃない。

心の力をふくらませて、思っていることを相手に伝えよう。

本書のこれらのことばを支えているのは、自分を好きになって自分を大切に思うと、自分をまもる力をたくわえることができるという考え方だ。著者はそれを「心の力」と名づけ、「心の力をどんどんふくらませれば、思っていること、感じていることを伝えられる」と説く。「死ね」「うざい」といったことばを浴びせられている人が、本書を読んだだけで、すぐに自分を肯定的にとらえなおせるようになるとは、とても思えない。でも、すぐにそうできないとしても、幼い頃から耳にしている「がまんが大事」「弱音をはくな」「逃げちゃだめ」といったお説教とちがったことばに触れることは、大きな意味があると思う。

いやなことは、がまんしていちゃだめ。逃げよう、助けを求めよう。いじめられ、がまんしている子どもたち、そしてまわりの大人たちも、本書を読んでそのことを知ってほしい。

2013年10月

【付録】こまったとき、相談したいときは……

（2013.9 現在）

☎ 電話相談　👥 面談

子どもの相談

地域	名称・問合わせ先・相談日時	備　考
全国 ☎	子どもの人権 110 番 0120-007-110 平日　8 時 30 分～ 17 時 15 分 ネット受付：http://www.moj.go.jp/JINKEN/	相談料は無料。いじめ、虐待などの悩み相談。法務局管轄。
全国 ☎	24 時間いじめ相談ダイヤル ☎ 0570-0-78310（なやみ言おう） 24 時間受付、休日も可	いじめの問題に悩む子どもや保護者のための電話相談。文部科学省管轄。
全国 ☎	児童相談所全国共通ダイヤル ☎ 0570-064-000 http://www.mhlw.go.jp/bunya/kodomo/dv39/	育児や子育てに悩んだとき、虐待を受けたと思われる子どもを見つけたときに連絡。厚生労働省管轄。
全国 ☎	チャイルドライン 0120-99-7777 月～土曜日　午後 16 時～ 21 時	18 歳までの子どもがかけられる電話相談。全国共通受付のほか、各地のチャイルドラインがある。

子どもの人権　弁護士会の相談窓口

※掲載のない弁護士会でも、「法律相談センター」にて子どもの権利相談の受付をしてくれます。
※祝日の受付は基本的にはありません。

弁護士会	名称・問合わせ先・相談日時	備　考
札幌 ☎	子供の権利 110 番 ☎ 011-281-5110 木曜日　16 時～ 18 時	電話相談のみ。無料。
岩手 👥	子どもの無料法律相談 ☎ 019-623-5005 水曜日　10 時～ 15 時	一般相談窓口で受付。要電話予約。
秋田 👥	子どもの人権無料法律相談 ☎ 018-896-5599 月～金曜日　9 時～ 17 時	相談料は初回無料。要電話予約。面談日は電話相談の際打ち合わせる。
仙台 ☎👥	子ども悩みごと電話相談 ☎ 022-263-7585 月～金曜日　9 時 30 分～ 16 時 30 分	相談料は初回無料。受付窓口に電話すると、担当弁護士よりかけ直してくれる。電話をかけて欲しくない場合は、担当弁護士の連絡先を教えてくれる。面談が必要な場合は、日時調整。
埼玉 👥	埼玉弁護士会法律相談センター（浦和） ☎ 048-710-5666 水曜日　13 時～ 16 時 10 分	非行やいじめ、虐待等の子どもに関する無料の専門相談。
☎	子ども弁護士ホットライン ☎ 048-837-8668 木曜日　15 時～ 18 時	子ども対象。学校でイヤなことがあったなど、どんな悩みでも相談できる。
千葉県 👥	子どもの専門相談 ☎ 043-227-8431（代表） 受付時間：月～金曜日　10 時～ 16 時 （11 時 30 分～ 13 時を除く）	要電話。相談内容に応じて弁護士が紹介され、担当弁護士から連絡がある。日程調整して担当弁護士事務所にて相談。相談料は初回無料。

弁護士会	名称・問合わせ先・相談日時	備　考
東京	子どもの人権 110 番 ☎ 03-3503-0110 月～金曜日　13 時 30 分～ 16 時 30 分、17 時～ 20 時　土曜日　13 時～ 16 時	いじめ、虐待、体罰、退学や進路変更、少年事件など、子どもの人権に関する相談すべて。
	子どもの人権面接相談 ☎ 03-3581-2205 予約・問合わせ：9 時 15 分～ 17 時 面談時間：月～金曜日　13 時 30 分～ 16 時 30 分、17 時～ 20 時　土曜日 13 時～ 16 時	電話連絡による予約制。無料。曜日、時間により面談場所は異なる。
第二東京	子どもの悩みごと相談 電話相談：☎ 03-3581-1885 面接相談：☎ 03-3581-2257 相談日時：火・木・金曜日　15 時～ 17 時	面接相談希望の場合、前日 17 時までに電話予約。
東京三会多摩支部	弁護士子どもの悩みごと相談 ☎ 042-548-0120 電話相談：水曜日 14 時～ 17 時 面接相談：電話相談の上、随時	まず電話相談をして面談日時を決める。初回面接相談は無料。
横浜	子どもの人権相談 ☎ 045-211-7700 受付日時：月～金曜日　9 時 30 分～ 17 時 相談日時：毎週火曜日　13 時 15 分～ 16 時 15 分	面談は要電話予約。面談相談は 45 分以内、電話相談は 15 分以内は無料。
茨城県	子どもの権利 110 番 ☎ 029-27-1133（代表） 月～金曜日　10 時～ 16 時（12 ～ 13 時除く）	事務所で受付後、弁護士が紹介され、弁護士より連絡があり、相談。面談は有料の場合がある。
栃木県	子どもの権利無料電話相談 ☎ 028-622-2008 ／ 028-643-2272 第 4 土曜日　10 時～ 12 時	子どもに関する相談全般。無料。
新潟県	子どもの悩みごと相談 0120-66-6310 毎週月・木曜日　16 時～ 19 時	子どもに関する相談全般。新潟県弁護士会子どもの権利委員会に所属する弁護士が対応。
金沢	子どもの悩みごと相談 ☎ 076-221-0831 木曜日　12 時 30 分～ 16 時 30 分	子どもの人権に関する相談すべて。面談希望の場合は、要電話予約。
山梨	子ども無料相談 ☎ 055-235-7202（代表） 月～金曜日　9 時 30 分～ 17 時	いじめ・虐待などについて随時相談できる。初回は無料。相談時間や会場などは担当弁護士と相談して決定。
長野県	子どもの人権無料相談 ☎ 026-232-2104（代表） 月～金曜日　9 時～ 17 時	子どもの人権に関する相談すべて。無料。
静岡	子どもの権利に関するご相談 電話相談窓口　静岡 ☎ 054-252-0008 浜松 ☎ 053-455-3009 沼津 ☎ 055-931-1848 9 時～ 12 時、13 時～ 17 時	いじめや体罰など学校等での困り事や児童虐待、非行などの相談。初回は無料。要電話申込。相談申込に応じ、相談日時を決定。

弁護士会	名称・問合わせ先・相談日時	備　考
愛知県 ☎	子どもの人権相談 ☎ 052-586-7831 土曜日　9時45分～17時15分	子どもの人権に関する相談すべて。無料。
岐阜県 ☎	子どもの人権センター ☎ 058-265-2850 月～金曜日　9時～16時30分	いじめ、非行、不登校、校則など、子どもの悩み事について。無料。
京都 ☎👥	子どもの権利110番 ☎ 075-231-2378 金曜日　15時～16時30分	いじめ、児童虐待、少年非行、学校との関係など、子どもに関わること。面談による相談は前日までに要予約。無料。
大阪 ☎	子どもの人権110番 ☎ 06-6364-6251 毎週水曜日　15時～17時 第2木曜日　18時～20時	子どもの人権にかかわるすべての問題の相談。担当弁護士が待機。無料。
兵庫県 👥	子どもの権利委員会 子どもの悩みごと相談 ☎ 078-341-8227 FAX.078-341-1779 電話受付：月～金曜日　9時～17時	要予約。予約は、電話、FAXまたは郵便にて受付。面談日は、調整のうえ決定。郵送受付送付先：〒650-0044 神戸市中央区東川崎町1-1-3　神戸クリスタルタワー13階　兵庫県弁護士会子どもの権利委員会
高知 ☎👥	子どもの権利110番 ☎ 088-872-0324 月～金曜日　9時～17時(12～13時除く)	事務所で電話受付後、弁護士が紹介される。面談は有料の場合がある。子どもからの相談は無料。
岡山 ☎👥	子どもの権利センター「子どもの味方弁護士相談」 ☎ 086-223-4401（代表） 月～金曜日　9時～17時	いじめ、体罰、虐待などで困っている子どもやその保護者、関係者からの相談。 電話相談：無料 面接相談：20歳未満は無料、20歳以上は40分毎5,250円（税込）
広島 ☎	子どものなやみごと電話相談（こどもでんわそうだん） 090-5262-0874 月～金曜日（祝日除く）　16時～19時	無料。1回の相談時間は20分。
香川県 ☎	子どもの権利110番 ☎ 087-822-3693（代表） 月～金曜日　9時～17時(12～13時除く)	事務所受付後、担当弁護士から連絡。無料だが、面談の場合は有料の場合あり。
福岡県 ☎	子どもの人権110番 ☎ 092-752-1331 土曜日12時30分～15時30分	相談担当弁護士が待機して相談に応じる。
佐賀県 ☎	クイック相談 ☎ 095-24-3411 火曜日17時30分～19時30分 土曜日13時～15時30分	約10分間の簡単な相談ができる。無料。
長崎県 ☎👥	法律相談センター ☎ 095-824-3903（代表）	「子ども担当弁護士」制度があり、児童虐待や学校などでの体罰やいじめ、貧困などの理由で親などから協力を得られない子どもに支援を行う。無料。代表番号で受付をし、担当弁護士から相談者に連絡して面談日時を決定。

弁護士会	名称・問合わせ先・相談日時	備　考
熊本県 ☎	子どもの人権相談 ☎ 096-325-0913 第３土曜日　午後 14 時～午後 16 時	子どもの人権に関する様々な相談。無料。
宮崎県 ☎	子どもの権利ホットライン ☎ 0985-23-6112 （実施期間は弁護士会に要確認）	実施期間中、弁護士が待機して電話での相談に応じる。無料。

一般の相談

名称	問合わせ先・相談日時	備　考
こころの耳～働く人のメンタルヘルス・ポータルサイト ☎	こころの耳 http://kokoro.mhlw.go.jp/ 専門相談機関・相談窓口紹介のページ http://kokoro.mhlw.go.jp/agency/worker/	職場の悩み、パワハラ・セクハラ、生きているのがつらい、話をきいてほしいといったときに、その悩みに耳を傾けてくれる専門の相談機関や窓口を紹介している厚生労働省管轄のサイト。
みんなの人権相談110番 ☎	全国共通人権相談ダイヤル ☎ 0570-003-110 月～金曜日　8時 30 分～ 17 時 15 分 ネット受付：http://www.moj.go.jp/JINKEN/	差別や虐待、パワハラなど様々な人権問題についての相談ができる。電話は最寄りの法務局・地方法務局につながる。法務局管轄。
法テラス ☎	日本司法支援センター ☎ 0570-078374 月～金曜日　9時～ 21 時 土曜日　9時～ 17 時 http://www.houterasu.or.jp/	法的なトラブル解決のための総合案内所。トラブル内容に適した相談先を探すことができる。
いのちの電話 ☎	ナビダイヤル ☎ 0570-783-556 10 時～ 22 時 http://www.find-j.jp/	一般社団法人 日本いのちの電話連盟が行っている無料電話相談。定められた養成課程を修了した相談員が応じてくれる。
働く人の悩みホットライン ☎	一般社団法人日本産業カウンセラー協会 ☎ 03-5772-2183 月～土曜日　15 時～ 20 時	職場、暮らし、家族、将来設計など、働くうえでのさまざまな悩みを相談できる。 時間は一人１回 30 分以内。
勤労者心の電話相談 ☎	労働者健康福祉機構 ☎ 044-556-9833（総務部） 月～金曜日　14 時～ 20 時（施設により曜日が異なる） http://www.rofuku.go.jp/yobo/kokoro_kenko/tabid/365/Default.aspx	独立行政法人労働者健康福祉機構管轄。ホームページ上で電話番号が公開されている各地の労災病院で「心の電話相談」を受付。電話相談は無料。
職場のトラブル相談ダイヤル ☎	全国社会保険労務士会連合会 ☎ 0570-07-4864 月～金曜日　11 時～ 14 時	社会労務士が職場でのトラブルの相談を受けてくれる。電話相談は無料。

著者について
ローズマリー・ストーンズ

1947年イギリス生まれ。子どもの本の編集者。子どもの権利条約のワークショップ設立に参加。著書に、『あかちゃんはどこから？』（ポプラ社）、子ども向けハンドブック『男の子・女の子（仮題、10代の性がテーマ）』、『君が悪いんじゃない（仮題、両親の離婚がテーマ）』などがある。

訳者について
小島希里（こじま・きり）

1959年東京生まれ。翻訳家。訳書として『きれいな絵なんかなかった——こどもの日々、戦争の日々』（ポプラ社）、『ねこのジンジャー』（偕成社）、『ひみつの川』（BL出版）などがある。

新版 自分《じぶん》をまもる本《ほん》

2013年11月10日初版

著者　ローズマリー・ストーンズ
訳者　小島希里
発行者　株式会社晶文社
東京都千代田区神田神保町1-11
電話　03-3518-4940（代表）・4942（編集）
URL http://www.shobunsha.co.jp/

印刷　株式会社堀内印刷所
製本　ナショナル製本協同組合

ISBN978-4-7949-6832-6　Printed in Japan